PAUL GHIO

Notes

sur

l'Italie

contemporaine

Librairie Armand Colin

Paris, 5, rue de Mézières

Notes

sur

l'Italie contemporaine

PAUL GHIO

Notes

sur

l'Italie

contemporaine

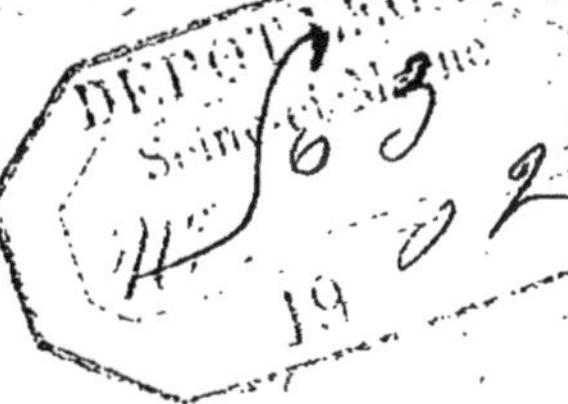

Librairie Armand Colin

Paris, 5, rue de Mézières

1902

A

MADAME

CÉCILE DE JONG VAN BEEK EN DONK

Madame,

En vous demandant la permission d'écrire votre nom en tête de ces pages, qui sont le résumé du cours que j'ai professé au Collège libre des Sciences sociales, je comprends, croyez-le bien, qu'il m'eût fallu produire un ouvrage de tout autre envergure pour pouvoir légitimement me réclamer de votre patronage intellectuel.

Mais vous êtes si indulgente, Madame, que vous me pardonnerez de vous avoir dédié ce court aperçu sur un pays pour lequel vous partagez mon admiration. Et c'est dans cette communauté de sentiments que je puise un encouragement à vous présenter mon livre en hommage de respectueux dévouement.

PAUL GHIO.

Paris, septembre 1902.

NOTES

SUR

L'ITALIE CONTEMPORAINE

INTRODUCTION

Caractères généraux de la vie italienne[1].

I

Variété de manifestations.

Je ne crois pas qu'il y ait un pays au monde qui puisse prêter à une aussi grande variété de jugements que l'Italie. Pour les uns, l'Italie est le pays de l'art; pour les autres, elle est le pays du brigandage; pour d'autres encore, elle est le pays du machiavélisme ; pour les touristes,

1. Bibliographie. — Joseph Ferrari, *Histoire des révolutions d'Italie*, Paris, 1858. — Settembrini, *Lezioni di letteratura italiana*, Naples, 1868. — Pasquale Villari, *Lettere meridionali*, Turin, 1885.

enfin, l'Italie est seulement le pays du soleil, de l'opulente nature, de la nonchalance et de la gaîté perpétuelle.

Si je disais que tous ces jugements sont également faux et, en même temps, également vrais, on s'étonnerait peut-être de mon langage. Et, pourtant, l'Italie a cela de particulier qu'elle peut facilement devenir l'objet de toutes ces appréciations si variées et les légitimer toutes.

Je la comparerais volontiers à un kaléidoscope dont les couleurs se mêlent et se superposent d'une manière d'autant plus inattendue que l'observateur essaie d'imprimer un ordre déterminé à la combinaison. On pourrait dire aussi de l'Italie ce qui fut dit des cheveux d'une belle dame, dont parlent quelque part les chroniques de France :

« Vous en avez pour tous les goûts, madame », s'écria, un jour, son coiffeur, qui admirait l'épanouissement somptueux d'une chevelure où le blond doré brillait au milieu d'autres nuances innombrables, constituant un ensemble harmonieux. La chevelure de cette dame était blonde pour les uns et brune pour les autres. Mais, en fait, elle n'était ni brune ni blonde ; ou, pour mieux dire, elle était et brune et blonde à la fois. Ni l'un ni l'autre des deux, mais tous les deux ensemble. Telle est l'Italie ; rien de tout cela, mais bien tout cela confondu et fusionné dans un mélange admirable.

L'histoire de l'Italie elle-même nous explique cette complexité. Tour à tour sombres ou splendides, disait Joseph Ferrari, les événements de l'Italie se sont succédé comme des épisodes enfantés par l'inépuisable vitalité de la terre, dans un labyrinthe de scènes fantastiques, où la raison se perd et où les lois de l'esprit humain semblent suspendues. En effet des beautés variées, des tableaux de haute poésie, des horreurs attrayantes remplacent partout cette uniformité que l'on trouve d'habitude dans les histoires nationales. Puissante et unie d'abord sous l'hégémonie de Rome, l'Italie a vu, plus tard, les invasions barbares interrompre brusquement le cours de son histoire. Les Goths, les Lombards, les Francks, les Allemands arrivent coup sur coup, se chassant mutuellement. Les

Angevins, les Aragonais, les Français perpé-
tuent ensuite ces incursions, que les interventions pontificales et les disputes impériales
transforment en désastres périodiques.

Voilà donc des peuples obligés de recom-
mencer à chaque instant leur carrière. Ils ne
comprennent plus ce que les envahisseurs pré-
tendent obtenir d'eux, car le gouvernement des
uns diffère profondément du gouvernement des
autres. Les formes politiques se succèdent avec
les invasions et les conquêtes. Ici le gouvernement est communal, là il est féodal; normand
en Sicile, byzantin à Venise, théocratique à
Rome, royal à Pavie; et partout il enfante des
royaumes, des républiques, des seigneuries,
mais surtout des phénomènes bizarres, des con-
trastes continuels.

Cette confusion étrange est encore aggravée
par les guerres et les rivalités intérieures. A
l'intérieur, ce n'est pas l'amitié, l'union; c'est
au contraire l'inimitié, la discorde, la violence
débordant partout et empoisonnant parfois les
cœurs. Nous voyons l'Italie du Nord aux prises
avec l'Italie du Sud, Milan luttant contre Flo-

rence, Venise contre Ferrare, Gênes contre le Piémont, Ravenne contre Rome. Souvent, sur le même territoire, deux villes voisines échangent entre elles une haine terrible, Florence avec Pise, Milan avec Côme.

Au milieu des sectes, des dictatures, des tyrannies, à travers les vicissitudes, les catastrophes, les jours de détresse, les époques florissantes; dans la foule des fractionnements et des révolutions, où donc chercher l'Italie? se demande Joseph Ferrari. Où est-elle? En quoi consiste-t-elle? L'érudition ne saurait certainement nous éclairer. Pourtant un souffle d'unité et de continuité circule dans son histoire, si bien que l'histoire italienne est aussi organique que l'histoire de France dont la cohésion n'a pas changé depuis Louis XI; que l'histoire d'Angleterre où le Parlement n'a jamais cessé de jouer son rôle prépondérant; que l'histoire d'Allemagne, gouvernée toujours par le même droit impérial d'origine divine.

La continuité entre l'antiquité, le moyen âge et les temps modernes, constitue l'essence de la vie italienne. Mais cette continuité a cela de

particulier qu'elle n'est pas immédiatement per-
ceptible ; qu'elle est moins facile à comprendre
qu'à sentir.

II

Complexité de l'âme italienne.

L'âme italienne est le résultat direct de
cette continuité historique. On entend souvent
affirmer que l'âme italienne est pleine de mystère. La qualification n'est pas exacte. L'âme
italienne n'est point mystérieuse. Elle est complexe : elle reflète les mouvements compliqués
de l'histoire du pays. Issue de la sérénité classique, elle a subi l'influence des convulsions
mystiques déterminées par le christianisme.
Mais le mysticisme n'a point détruit en elle la
sérénité.

L'art italien nous fournit une preuve lumi-
neuse de cette intéressante combinaison. Dans
l'antiquité, la nature représentait seule le but
de l'artiste ; la beauté jaillissait du monde visible.
Plus tard, l'artiste a recherché la beauté dans

l'esprit, dans l'essence intime des choses. L'Italie a accepté et associé les deux conceptions, et son art se différencie des arts des autres peuples par ce double caractère, contradictoire en apparence.

Classique dans la forme, l'art italien contient néanmoins un fonds inépuisable d'abstraction et de réflexion philosophique. L'idée y est toujours profonde, tandis que la forme en est toujours pleine de lumière. Dans cette harmonie, ayant tous les caractères d'une dissonance, réside précisément la personnalité, si je puis ainsi m'exprimer, de l'art italien. Et voilà pourquoi il est exact de dire que le peuple italien est un peuple d'artistes. Car son art est le plus clair, tout en restant le plus multiforme des arts.

Les Italiens font tout en artistes : ils sont artistes dans la philosophie comme dans la science ; dans la vie publique comme dans la vie privée, dans la religion comme dans l'amour. Ils pensent, ils méditent, ils produisent, ils aiment avec une intensité de sentiment qui ne saurait être dépassée ; mais leur tendance naturelle vers la réalité les détache nécessairement des divagations qui sont chères aux peuples du Nord. Le goût de la vie prédomine chez les Italiens. Tandis que l'amour fait verser des larmes aux hommes du Nord, en Italie, il provoque la joie, le chant.

L'Amour tendresse, l'Amour chanson,
L'Amore pietà, l'Amore canzone,

disait le poète.

Quoique passionnément amoureux, les Italiens se garderaient bien cependant de jurer une foi éternelle. On a fait la révolution en chantant, en Italie. Et, maintenant que la révolution a donné ses fruits, on serait presque tenté d'en rire. Cela est tellement vrai, que le peuple italien ne prend presque plus au sérieux les hommes qui en furent les auteurs. Mais on se tromperait néanmoins si l'on croyait que l'Italie ne tient pas au fond à sa révolution. Elle en est fière. Seulement les Italiens paraissent croire qu'on en a suffisamment parlé. Quand le gouvernement décerne une décoration, les amis du décoré l'applaudissent et lui offrent des banquets. Cependant si le nouveau décoré se montrait plus tard dans la rue, son ruban à la boutonnière, tout le monde éclaterait de rire. Il est vrai que tout le monde est là pour l'appeler « Monsieur le Chevalier ou Monsieur le Commandeur »; mais ces titres s'échangent en plaisantant, en Italie.

On a affirmé que la manie des monuments, la « monumentomania », est une maladie essentiellement italienne. On élève des monuments à des hommes plus ou moins remarquables, en Italie. Mais il faut attribuer ce fait beaucoup moins à une disposition de l'esprit, à un enthousiasme naïf, qu'à la nécessité que les Italiens ressentent irrésistiblement d'enterrer rapidement tout ce qui est vieux.

« Il est mort, ah! le grand homme! vite, vite un monument; comme cela personne n'en parlera plus. »

Ces petits détails, insignifiants en apparence, peuvent servir, néanmoins, à donner la mesure de la contradiction inhérente à l'âme italienne. C'est la contradiction qui jaillit de la lutte éternelle entre le ciel et la terre. Nul pays n'a senti, plus que l'Italie, l'action de cette lutte.

Le pape et l'empereur, considérés non pas comme gouvernements, mais comme principes, voilà les véritables chefs de l'Italie.

La vie ne cesse jamais d'y être guelfe et gibeline; quelquefois seulement guelfe ou seulement gibeline; plus souvent l'un et l'autre ensemble. Les tableaux de Michel-Ange, les monuments de Giotto, les psaumes de Benedetto Marcello font vivre la pensée humaine dans l'idée divine. Ils parlent de Dieu dans un langage profondément humain.

III

La littérature italienne.

En littérature la *Divine Comédie* est le produit le plus saisissant de cette lutte atavique qui caractérise la vie italienne; un produit d'autant plus sincère qu'il est l'émanation de l'âme italienne au moment même où celle-ci venait de se réveiller d'un sommeil qui avait duré des siècles.

Et cette âme, qui avait sommeillé pendant si longtemps, relevait ses paupières, avec Dante, en pleine maturité. Aussi, doit-on faire une remarque préliminaire au sujet de la littérature italienne. Dans beaucoup de pays, dans presque tous les pays, la littérature commence avec le langage; elle suit, en quelque sorte, les vicissitudes de la langue. La littérature française n'a acquis sa personnalité, à elle, que lorsque la langue eut elle-même une physionomie particulière, après avoir passé par toutes les péripéties de la vie vécue. En Italie, au contraire, la littérature et la langue sont nées, pour ainsi dire, dans le même berceau; car la culture italienne avait déjà trouvé son essor dans la langue latine. On commença donc à écrire en italien seulement au moment où la langue latine ne suffit plus à exprimer les idées nouvelles que les événements avaient fait jaillir de l'intelligence renouvelée des penseurs. Lorsque Dante écrivit le premier en italien, la pensée italienne était déjà mûre, car elle y était arrivée par l'éducation latine. L'œuvre de Dante a consacré sous une forme nouvelle une pensée existante; elle l'a rajeunie; et cela fait qu'elle conserve toujours sa fraîcheur primitive.

La littérature italienne, donc, a été écrite en
deux langues : l'italienne et la latine ; et l'italien, je répète, est tantôt l'enveloppe extérieure de la pensée latine, comme chez l'Arioste,
tantôt, comme chez Dante, le travestissement
classique d'une pensée vivante et actuelle. Ce
même contraste entre la substance de la pensée
et sa forme extérieure, ce double aspect, en
somme, sous lequel se manifeste l'activité
intellectuelle italienne, vous le retrouvez, à
d'autres époques, dans la différence profonde
qui sépare l'un de l'autre les écrivains. Au début
du xixᵉ siècle, Foscolo luttait pour le classi-
cisme, Manzoni pour le romantisme ; Léopardi,
par contre, qui a été le plus grand poète de
l'époque, associait les deux tendances. L'association des deux tendances est tellement le
résultat d'une disposition foncière de l'âme italienne que le seul grand poète de l'Italie
moderne, Giosué Carducci, est lui-même un
classique imbu de paganisme, mais tournant
les yeux vers l'épopée révolutionnaire. Ces
poètes n'ont rien de commun entre eux, au
point de vue littéraire, en dehors de la langue

ou pour mieux dire des mots de la langue. Si ce n'était cette coïncidence due exclusivement au hasard de la naissance, on pourrait facilement croire qu'ils appartiennent à des pays différents : car, entre la poésie de Foscolo et celle de Manzoni, et la poésie de Manzoni et celle de Carducci il y a un abîme plus considérable encore qu'entre le vers rutilant de Victor Hugo, par exemple, et la sobriété des classiques français ; qu'entre la période majestueuse de Bossuet et la phraséologie minutieuse de Flaubert.

IV

L'unité dans la variété.

Cependant, la pensée italienne, tout en ayant donné des produits variés et contradictoires, garde une unité inébranlable. Car l'Italie, malgré les péripéties de l'histoire, a toujours été une unité géographique et politique. Les nations, en effet, se forment et se constituent grâce à leur organisation intérieure, non par le seul fait d'une agrégation arbitraire de peuples. Le sol, le génie, la religion, la langue, les gloires communes, les mêmes malheurs, voilà les éléments essentiels d'une nation. L'État, en tant qu'organisme politique, sert à relier ces éléments, non pas à les créer. La Grèce antique était une nation sans État. La Pologne en est une autre. Au contraire, l'empire d'Autriche-Hongrie et l'empire russe sont des États sans nation. Si l'Italie n'est un État que depuis peu, elle a toujours été une nation. Ainsi, lorsqu'on étudie la vie de l'Italie, il est indispensable de saisir les relations qui existent entre ses manifestations tumultueuses. Alors seulement on pourra pénétrer le soi-disant mystère qui caractérise l'âme italienne.

Tout cela doit, néanmoins, nous garder de toute velléité d'emprisonner les quatre cents villes de la péninsule dans une formule commune. En ce qui concerne l'Italie, nous devons écarter, comme l'observe si bien M. Joseph Ferrari, les incompétentes analogies puisées chez d'autres peuples, car l'Italie, par un essor continu de longs siècles, a été vouée tout entière à la guerre des idées, et a, pendant longtemps, dédaigné les fausses conceptions d'une centralisation politique pour convier les peuples au spectacle extraordinaire d'une nation sans frontière, d'un progrès sans gouvernement, d'une suprématie conquise en dehors de la force, d'un drame enfin dont les personnages jouent leur rôle sur une scène toute faite d'idées et éclairée par l'intelligence. Sur le théâtre puissant de l'histoire italienne, les exceptions deviennent alors la règle des règles; et les événements nous apprennent à voir les multitudes au delà des individus; l'âme du peuple au delà des visions des poètes. Impériale, communale ou papale, l'Italie a été, pendant longtemps, le centre de la civilisation du monde. Tous les mouvements intellectuels ou politiques sont venus à l'Europe de l'Italie. Les empereurs et les papes doivent être consacrés à Rome : et c'est de Rome que rayonnent le savoir et la religion. L'Italie seule est un modèle toujours, en art comme en religion, comme en politique. Elle se sert indifféremment des empereurs et des papes; elle est croyante et sceptique en même temps ; modère ses élans mystiques par son amour de la nature, et son incrédulité par ses élans artistiques. Libre à Florence, elle accepte facilement la tyrannie à Milan et à Ferrare. Elle est savante, conquérante, marchande, aristocratique, démocratique à la fois, même à l'époque où l'Europe vivait encore au milieu de compétitions barbares.

V

L'Italie contemporaine.

Telle a été l'Italie dans le passé. Qu'est-elle devenue maintenant ? Quel est son nouveau rôle dans l'histoire ? C'est un peu le but des pages qui vont suivre.

Je passerai en revue les principaux phénomènes de la vie de l'Italie de nos jours. J'examinerai l'évolution de son activité multiple ; je constaterai ses progrès, j'énoncerai ses espérances. Je serai ainsi amené à examiner la physionomie économique, politique, intellectuelle des différentes régions. La terre, morcelée ici, abandonnée ailleurs à la négligence systématique de quelques *latifundistes*; la grande industrie conduite à une prospérité rapide dans le Nord, faisant lentement, difficilement, son chemin dans les provinces méridionales.

Étudier l'Italie, c'est étudier plusieurs peuples différents : et je pense précisément que la connaissance des différences ethniques et, partant, intellectuelles et morales, qui séparent les habitants des diverses régions italiennes, est une condition essentielle pour bien saisir l'ensemble de la vie de l'Italie. Chaque région de l'Italie a joué son rôle particulier à elle dans l'histoire. Le rôle de chacune de ces régions n'a pas changé au fond, de nos jours encore, dans toutes les manifestations de l'activité : dans l'agriculture comme dans l'industrie; dans la littérature comme dans la politique. La vie économique comme la vie intellectuelle et la vie politique gardent toujours dans chacune des régions italiennes leur physionomie originale que le temps ne saurait détruire.

VI

La question du Midi.

La partie méridionale de l'Italie est à tel point différente de la partie septentrionale, que des écrivains, quelque peu hasardeux, ont même pu croire à un prétendu antagonisme entre les deux régions. La question des rapports entre le Nord et le Sud de l'Italie forme de nos jours l'objet de l'attention toute particulière des hommes politiques. Aussi est-il nécessaire que je lui consacre dès maintenant quelques lignes, car les problèmes que cette question fait aujourd'hui jaillir sont le résultat fatal, inévitable de conditions historiques dont on n'a pas assez tenu compte, peut-être, lors de l'organisation politique du nouveau royaume.

On a dit, en effet, et cela est, dans une certaine mesure, incontestable, que l'unification du pays a eu les apparences d'une annexion. Le Piémont, qui avait été le centre et l'âme du mouvement révolutionnaire, a donné ses institutions politiques, administratives, militaires, une grande partie de sa législation au reste de l'Italie. Mais les provinces méridionales, où le régime bourbonien avait créé des habitudes de liberté locale et même individuelle tout à fait caractéristiques, ont accueilli avec une répugnance manifeste la bureaucratie piémontaise et son langage quelque peu hétéroclite, dans lequel, comme beaucoup l'ont justement observé, les hommes du Midi avaient de la peine à reconnaître la douce langue italienne. C'est ainsi, par exemple, qu'il arrive encore d'entendre l'homme du peuple napolitain ou sicilien parler d'une domination piémontaise qui a remplacé le régime patriarcal du roi Ferdinand.

La mission de l'Italie nouvelle est de provoquer une fusion véritable, non seulement au point de vue intellectuel, mais aussi et principalement au point de vue social et économique, entre le Midi et le Nord. Malheureusement cette fusion, qui devrait surtout se manifester par une équitable distribution des charges et des bienfaits provenant du nouvel état des choses, cette fusion, avant de se produire, a dû et devra encore traverser une période préparatoire d'épreuves douloureuses. Les régions de la vallée du Pô, destinées, par leur situation géographique, au commerce et à l'industrie, ont fait beaucoup plus rapidement leur chemin que les régions méridionales, où un passé séculaire de coutumes patriarcales et de sujétion politique a empêché le développement rationnel des initiatives dans le domaine de l'activité économique. Ainsi, le gouvernement italien a été amené fatalement à compter plutôt sur les ressources du Nord que sur l'essor du Sud, qui apparaissait déjà devoir être très lent et très pénible. Le Nord donc a été, en même temps que plus lourdement frappé d'impôts, plus largement favorisé que le Sud.

C'est ce qui permet également aux Méridionaux et aux Septentrionaux d'affirmer que les uns ont payé pour les autres. Contradiction curieuse à première vue, mais qui est pleinement explicable. En effet, la législation nouvelle, que le Nord était, en quelque sorte, préparé économiquement à accepter, avait été

étendue au Sud presque à l'improviste, si bien
que le Sud a jugé, avec quelque raison peut-être,
que le gouvernement du pays unifié cherchait
surtout à le dépouiller et à l'asservir. Pour se
rendre compte de cet état d'esprit des populations méridionales, il faut songer précisément
à la situation économique de l'ancien royaume
des Deux-Siciles. Le régime des Bourbons était
détestable, mais l'immense majorité des habitants ne s'apercevait pas de ses imperfections,
car l'action du gouvernement ne se faisait
sentir que dans le strict domaine de la politique
proprement dite. L'instruction publique n'exis-
tait presque pas, aucun travail public n'était
entrepris; par conséquent les impôts pouvaient
être et étaient de fait relativement faibles.
Naples était le centre du pays; la Cour y dépen-
sait toute sa liste civile, tous les revenus de
l'État y affluaient et alimentaient la vie économique du peuple par les dépenses des soldats
et des fonctionnaires. Le reste du pays se trouvait en pleine anarchie. Les terres publiques
ou appartenant à des congrégations religieuses
couvraient une bonne moitié du territoire dans

la partie continentale du royaume et fournissaient des moyens d'existence à une foule de
paysans, grâce aux servitudes traditionnelles de
boisage ou de pâturage. Il n'y avait pas de
routes, mais personne ne songeait à voyager; il
n'y avait pas d'écoles, mais personne ne songeait à s'instruire. Misère partout, mais, en
définitive, vie matérielle partout assurée.

L'unité italienne changea profondément les
conditions économiques et sociales du Midi en
y apportant le souffle de la civilisation. Il s'est
produit, par conséquent, ce qui se produit fatalement à la suite de toute évolution économique : le déplacement et, en même temps, la
lésion d'une quantité énorme d'intérêts. Les
terres publiques furent vendues en grande
partie aux enchères, ainsi que les biens des
congrégations religieuses. Mais, comme le
peuple n'avait pas d'argent pour les acheter ou
même seulement pour les cultiver, elles
allèrent grossir les grandes propriétés des
anciens feudataires. Les servitudes tombèrent
et des foules de paysans se trouvèrent soudainement dépourvues de ressources. L'apparition

du soldat, du gendarme, du percepteur, de l'instituteur, dans les campagnes, fut accueillie comme une menace par le peuple; et elle en était une indubitablement sous un certain rapport, d'autant plus que ces personnages étaient presque tous forcément des hommes du Nord.

La construction des routes et des lignes de chemins de fer a amené un certain mouvement économique, mais lorsque les voies furent achevées, on s'est effrayé de ce qui restait à faire pour y assurer une circulation avantageuse et on s'est arrêté à moitié chemin. Ainsi, les quelques lignes construites au hasard, presque toujours suivant le critérium fallacieux de la simplification du transit, perdent toute leur importance et leur efficacité pratiques à cause du manque d'un système rationnel de raccordements avec les localités qui en sont éloignées.

Pour me résumer, je dirai que l'unité italienne n'a pas trouvé dans le Midi, et peut-être n'a-t-elle pas su les créer, les bases économiques suffisantes pour rendre viable et bienfaisant un régime de liberté politique.

Tandis que dans le Nord — grâce aux conditions géographiques du pays — et dans la Toscane — grâce à une éducation séculaire du peuple vers la liberté — l'essor économique accompagnait l'établissement du nouveau régime et lui préparait de solides assises, ce nouveau régime ayant, dans le Midi, devancé les progrès matériels, y a produit un milieu social artificiel dont profitent seuls les plus hardis et les moins honnêtes, mais où le peuple vit encore effectivement dans la même détresse qu'auparavant.

Dans ces conditions, l'établissement hâtif d'un régime administratif et politique uniforme a été une erreur, peut-être, de la part de la nouvelle Italie. Mais les hommes de la Révolution visaient surtout à effectuer l'unité territoriale et, à leurs yeux, l'idée d'une distinction entre régions eût paru sacrilège. Rappelons-nous en effet les circonstances qui ont accompagné la renaissance politique de l'Italie. L'Europe était alors, comme elle l'est encore, remuée incessamment par la lutte entre la réaction et la démocratie : la constitution d'un

État fort, capable d'opposer une résistance valable aux adversités de l'avenir, s'imposait. Elle s'imposait d'autant plus que les besoins pratiques se trouvaient idéalement associés à la conception traditionnelle de l'unité, rêve des poètes et des agitateurs. L'idée de l'ensemble a primé celle des détails : et l'utilité d'une cohésion parfaite entre les diverses parties a moins préoccupé les hommes de la révolution que la nécessité, qui pour eux était impérieuse, de les rapprocher et de les unir. L'intimité aurait certainement suivi le mariage : voilà ce que pensaient et espéraient les hommes de la révolution.

Aujourd'hui la surface des eaux paraît troublée. Des houles violentes quoique passagères se manifestent çà et là et causent aux Italiens des préoccupations extrêmement graves. L'étude de la vie de l'Italie contemporaine nous mettra en mesure de mieux en connaître les origines et d'en évaluer la portée.

CHAPITRE I

L'essor économique [1].

I

Accroissement de la richesse de l'Italie : industrie,
commerce, finances.

L'Italie a été toujours un pays très actif, au
point de vue économique comme au point de
vue intellectuel. Ses commerçants, ses ban-
quiers, ses ouvriers ont été, pendant longtemps,
les premiers du monde.

Après la constitution du nouveau royaume,
les diverses activités régionales retrouvèrent
enfin le milieu favorable à leur développe-

1. BIBLIOGRAPHIE. — G.-S. Nitti, *L'Italia all' alba del
secolo XX*, Rome, 1901. — Giuseppe Colombo, *Gli impianti
elettrici in Italia*, Rome, 1900. — Angelo Omodeo, *Le forze
idrauliche in Italia*, Milan, 1901. — *Annuario statistico italiano*, Rome, 1901.

ment, c'est-à-dire les conditions de stabilité et de durée politiques dont les grands phénomènes économiques ont besoin pour se produire. Ainsi ces activités, éparpillées jadis un peu partout, eurent un essor merveilleux, qui procédait de l'ensemble du pays. Toutes les industries modernes se sont rapidement acclimatées en Italie et quelques-unes d'entre elles ont même trouvé dans ce pays des intelligences qui ont su les pousser au plus haut degré de progrès.

Ce progrès est attesté par l'activité de la consommation des combustibles de toutes espèces importés de l'étranger ou produits à l'intérieur, et par l'exploitation toujours croissante des forces hydrauliques que l'Italie possède en si large mesure. Voici pour la consommation du combustible :

En 1887 pour une valeur de......		117 000 000
En 1894 —	de......	149 000 000
En 1898 —	de......	198 000 000
En 1900 —	de......	210 000 000

soit une augmentation de 80 p. 100 environ dans la consommation des combustibles dans l'espace de quatorze ans.

Quant aux forces hydrauliques, leur utilisation devenant de plus en plus pratique, au point de vue technique, il est indéniable que l'Italie, où ces forces abondent, est en mesure de devancer bientôt les autres nations, grâce à cette source inépuisable de richesse économique. L'abondance des forces hydrauliques a favorisé surtout le développement de la grande industrie dans le Nord, autour du grand bassin du Pô, à cause de l'apport colossal de ses alluvions. Des régions entières, comme les environs de Turin, de Milan et de Gênes — car Gênes, grâce à sa situation privilégiée sur la mer, constitue le débouché idéal des ressources naturelles des provinces voisines — se sont couvertes d'usines. La population nombreuse qui se presse dans ces régions a en outre favorisé tout particulièrement ce développement prodigieux, car on a remarqué, avec raison, que la Lombardie est la partie du continent européen où les villes sont le plus pressées les unes contre les autres : il faudrait aller jusque sur les bords du Gange pour trouver de pareilles agglomérations humaines. Ces villes, étant à une petite distance de la côte méditerranéenne, ont donc pu devenir, concurremment avec Gênes, les colonnes milliaires, pour ainsi dire, des grandes voies commerciales de l'Europe centrale et septentrionale. Gênes, Turin, Milan, avec le Gothard, et prochainement le Simplon, représentent, sans conteste, les pointes extrêmes d'un hexaèdre à travers lequel devront fatalement passer les courants d'activité de l'avenir.

En dix ans, la production de l'industrie italienne s'est accrue de 40 millions pour les industries minières métallurgiques et chimiques, de 100 millions pour les soies, de 120 millions pour les cotons, de 25 millions pour la laine et 22 millions pour le lin, le chanvre et le jute.

La production de la soie, qui était évaluée à 1 290 000 kilogrammes en 1876, atteint maintenant le chiffre de 4 500 000 kilogrammes. Milan, comme entrepôt de condition de la soie, a déjà pris la place de Lyon. Considérée dans son ensemble, l'industrie de la soie, qui occupait, en 1875, environ 50 000 personnes, en occupe maintenant près de 200 000. En 1870, les broches de filature et retordage de coton étaient au nombre de 500 000 ; en 1890 elles étaient déjà montées au nombre de 900 000 ; le nombre de ces broches est maintenant de 2 100 000 environ : c'est-à-dire 1 900 000 de filature et 200 000 de retordage.

Les métiers mécaniques en action pour le tissage du coton sont maintenant au nombre de 70 000. Les machines à imprimer les tissus de coton sont 123. L'industrie du coton, enfin, emploie 80 000 personnes et sa production annuelle est montée de 180 millions de lires en 1885 à 300 millions aujourd'hui. En 1872, l'Italie importait 272 000 quintaux de coton en laine, matière première ; elle en importe maintenant 1 300 000 quintaux.

L'industrie de la laine, qui s'est développée surtout en Piémont et dans la Vénétie, compte 346 000 broches de filature et retordage et 10 300 métiers mécaniques. Elle produit en moyenne pour une valeur de 80 millions de lires par an et occupe 30 000 personnes.

Les autres industries textiles — l'industrie du lin, du chanvre, du jute, des tissus ou filés mélangés — ont une importance inférieure ;

elles ont donné une augmentation annuelle considérable, évaluée, je répète, à 22 millions dans l'espace des dix dernières années.

Les industries du papier, de la tannerie, de la confection des chapeaux de paille et de feutre, de la fabrication des meubles, ont réalisé également des progrès évidents.

L'industrie métallurgique a seule subi un arrêt, considérée dans son ensemble : cependant, à partir de 1898, elle a bénéficié d'une reprise favorable et, à la fin de 1899, le nombre des chevaux-vapeur employés dans cette industrie avait augmenté de 6 036.

L'industrie minière est en progrès continuel : la production minière de l'Italie, pendant l'année 1900, a été évaluée à 85 millions de lires. Le nombre des mines en exploitation a été de 1 103, parmi lesquelles on peut signaler comme importantes 706 mines de soufre, 156 mines de zinc et plomb, 44 mines de houille, 33 mines de fer, 7 mines de mercure. L'industrie minière fournit le travail à 65 000 ouvriers environ.

La richesse totale de l'Italie, évaluée, suivant la méthode de De Foville, à 46 milliards pendant la période de 1876 à 1880, est montée, de nos jours, à 52 milliards de lires environ.

En 1871, le mouvement commercial de l'Italie, importation et exportation, était de un milliard 400 millions; aujourd'hui le commerce de l'Italie se chiffre par plus de 3 milliards 300 millions de lires.

Le trafic des chemins de fer a augmenté en raison directe de l'augmentation du matériel qui, depuis 1872, a été presque triplé : en effet, le mouvement des marchandises, qui était de 6 millions de tonnes, non compris le bétail, en 1872, est monté à 25 millions de tonnes en 1900. La première ligne de chemin de fer fut ouverte, en Italie, le 4 octobre 1839. Plus tard, en 1871, les kilomètres exploités étaient au nombre de 6 377; en 1897, ils étaient déjà 15 696 : et le nombre des voyageurs-kilomètre, qui était en 1886 de 1 614 millions sur les lignes exploitées par les deux sociétés la « Mediterranea » et l' « Adriatica », était monté, à la fin de 1899, à 2 571 millions. Les tramways à vapeur, d'autre part, à la fin de 1898, étaient exploités sur un parcours de 3 107 kilomètres. L'industrie des chemins de fer occupe environ 100 000 personnes.

La réserve monétaire a également bénéficié d'une augmentation considérable. Les paiements effectués à l'étranger pour solde de coupons de la rente italienne ont diminué pendant ces dernières années.

Ils se montaient en 1895 à........ 93 450 525 lires.
            —   en 1897-1898 à... 89 253 476 —
            —   en 1898-1899 à... 82 490 406 —
            —   en 1899-1900 à... 75 516 000 —

ce qui prouve que l'épargne nationale a absorbé, dans le cours de cinq ans, pour un capital d'environ 450 millions de lires de titres de rente italienne.

Voici le mouvement de l'épargne dans les caisses d'épargne ordinaires et postales :

CAISSES D'ÉPARGNE (EN MILLIONS DE LIRES).

	Ordinaires.	Postales.	Total.
1880	686	46	732
1885	954	176	1 130
1890	1 166	310	1 476
1895	1 343	462	1 805
1899	1 430	628	2 058
1900	1 465	657	2 122

Depuis 1880, par conséquent, l'épargne italienne s'est accrue de un milliard 400 millions environ.

D'autre part, la situation des banques d'émission est aussi améliorée, depuis 1895. A la
fin de 1894, la situation des banques d'émission
était plutôt inquiétante. L'Italie venait d'éprou-
ver le contre-coup de la crise qui avait traversé
le monde financier. En 1891, la débâcle des
fonds argentins et brésiliens, la disette en Russie; en 1892, les affaires de Panama; en 1893-94,
la baisse de l'argent aux États-Unis, les faillites
qui s'ensuivirent en Angleterre, ont eu une
répercussion sensible sur le marché italien. Le
Midi de l'Italie, qui était le moins préparé à
supporter les conséquences de la crise, se
remuait : des émeutes éclataient dans les
Pouilles, dans la Calabre, en Sicile. Le change
était monté à 14 p. 100 à la fin de 1893 et le cours
de la rente était descendu à 81 à la bourse de
Paris. Les valeurs italiennes dégringolaient.
On a évalué à environ 500 millions la perte
subie par le marché italien pendant cette courte,
mais tragique période. En 1895, l'œuvre de
reconstitution commence et se poursuit rapidement. Les immobilisations des trois banques
d'émission : **Banca d'Italia, Banco di Napoli,**

Banco di Sicilia, qui se montaient à 580 226 000
lires le 31 décembre 1894, descendaient graduellement à 518,6 millions à la fin de 1895, à 498,2
à la fin de 1896, à 445,9 à la fin de 1897, à 393,5
à la fin de 1898, à 377,2 à la fin de 1899, à 373,2
à la fin de 1900, à 360 millions à la fin de 1901.

Ainsi les titres industriels et financiers re-
trouvaient l'ancienne confiance ; le cours de la
rente dépassait le pair à la bourse de Paris et
le change descendait à des proportions négli-
geables. Le budget de l'État, qui marquait un déficit de 235 millions pendant l'exercice 1888-89,
de 99 millions pendant l'exercice 1893-94, a
réalisé, par contre, des excédents croissants à
partir de l'exercice 1897-98 ; soit 32,6 millions
en 1898-99, 38,4 en 1899-1900, 49,9 millions
en 1900-1901.

II

Accroissement de la population : l'émigration.

L'augmentation de la population a suivi ou
accompagné l'augmentation de la richesse dans
presque toutes les régions italiennes, excepté

celles qui fournissent le contingent le plus fort à l'émigration. Dans ces dernières, c'est-à-dire dans le Piémont, la Campanie, la Calabre, les Abruzzes, la Vénétie, l'augmentation de la population a été moins considérable; la population a même diminué dans la Basilicate, la région la plus éprouvée de l'Italie méridionale où l'émigration désole véritablement les campagnes. Voici le tableau de la population italienne résultant du recensement du 9 février 1901 comparée avec la population à la fin de 1881 :

DÉPARTEMENTS	POPULATION EFFECTIVE		AUGMENTATION	
	31 déc. 1881.	8 février 1901.	Chiffres absolus.	Par an et par 1 000 habitants.
Piémont...	3 070 250	3 326 311	256 061	4,4
Ligurie....	892 373	1 080 944	188 571	11,1
Lombardie.	3 680 615	4 278 188	597 573	8,5
Vénétie....	2 814 173	3 130 429	316 256	5,9
Émilie.....	2 183 391	2 451 752	268 361	6,4
Toscane ...	2 208 869	2 548 154	339 285	8
Marches...	939 279	1 064 749	125 470	7
Ombrie....	572 060	644 367	72 307	6,6
Latium....	903 472	1 206 354	302 882	17,5
Abruzzes...	1 317 215	1 442 365	125 150	5
Campanie..	2 896 577	3 142 378	245 801	4,4
Pouilles....	1 589 064	1 949 423	360 359	11,9
Basilicate..	524 504	490 000	Dim. 34 504	— 3,4
Calabre....	1 257 883	1 375 760	117 877	4,9
Sicile......	2 927 901	3 529 266	601 365	10,7
Sardaigne..	682 002	789 314	107 312	8,2
Totaux.	28 459 628	32 449 754	4 024 630	7,3
Moins diminution.............			34 504	
Total................			3 990 126	

De 1861 à 1871 la population avait augmenté de 7,12 par an et par 1 000 habitants et de 1871 à 1881 de 6,19 par an et par 1 000 habitants. Les grandes villes comme Rome, Milan, Gênes ont largement bénéficié de cette augmentation. Aujourd'hui la population relative de l'Italie est de 113,55 par kilomètre carré, tandis qu'en 1881 elle n'était que de 99,28.

Je viens de signaler l'émigration en Italie, comme un phénomène, en quelque sorte, compensateur de l'accroissement de la population italienne. En réalité, l'émigration italienne a été jugée souvent comme étant de nature à rétablir un équilibre idéal entre les ressources du pays et le nombre de ses habitants. Le jugement est exact, en une certaine mesure. En effet, l'émigration permanente est un phénomène caractéristique de l'Italie méridionale : dans l'Italie du Nord, l'émigration assume au contraire une physionomie tout autre, car les travailleurs du Nord émigrent généralement pour accomplir des travaux leur permettant de se rapatrier dans un bref délai, dans un délai qui dépasse rarement trois ou quatre mois.

L'émigration italienne, pendant les années 1898, 1899, 1900 et 1901 est représentée par les chiffres suivants :

1898........	283 715	1900.......	352 782
1899........	308 339	1901........	325 621

dont, en moyenne, 55 p. 100 sont fournis par l'émigration temporaire et 45 p. 100 par l'émigration permanente. L'émigration permanente, je le répète, lève ses contingents en majeure partie parmi les paysans de l'Italie méridionale et se dirige toujours vers l'Amérique. Sur 126 787 personnes ayant émigré en 1898 (émigration permanente), 90 259 appartenaient à l'Italie méridionale; sur 131 308 personnes émigrées en 1899 (émigration permanente), 99 203 appartenaient également à l'Italie méridionale. Voici, d'ailleurs, le tableau des proportions respectives, pour 100 000 habitants, de l'émigration permanente et de l'émigration temporaire constatées en 1899, pour chaque région italienne :

DÉPARTEMENTS	POUR 100 000 HABITANTS	
	Permanente.	Temporaire.
Piémont....................	263,2	355,4
Ligurie....................	333,2	16,0
Lombardie.................	166,0	303,1
Vénétie...................	156,5	3 484,6
Émilie....................	151,4	643,1
Toscane	199,5	461,2
Marches..................	551,5	181,8
Ombrie...................	54,9	124,2
Latium....................	48,7	94,0
Abruzzes.................	1 167,8	84,9
Campanie.................	844,7	238,3
Pouilles	156,5	34,7
Basilicate	1 615,3	»
Calabre..................	1 306,8	»
Sicile....................	559,5	123,3
Sardaigne	1,6	8,0
	414,6	559,0

Le fait, donc, de voir les paysans du Midi émigrer en masse vers des pays lointains, et pour toujours, prouverait que le pays natal est impuissant à les nourrir. Aussi, la terre chasse-t-elle ses habitants, dit M. Nitti, l'éminent professeur de l'Université de Naples, qui ne cesse jamais de répéter que l'Italie est un pays naturellement pauvre. La question est à mon avis complexe. J'accorde à M. Nitti que le Midi de l'Italie est actuellement pauvre, et à un point tel que l'émigration doit être considérée comme une véritable ressource pour les habitants. Mais les conditions actuelles du Midi de l'Italie peuvent et doivent être modifiées. Dans ce cas, l'exode des habitants est plutôt de nature à aggraver qu'à atténuer la pauvreté actuelle des régions méridionales, car il tend en définitive à perpétuer une situation que M. Nitti lui-même ne saurait contester être anormale. Il en est, à mon sens, de la population comme de l'épargne. Les économistes ont considéré, pendant long-temps, l'accroissement de la population et l'accroissement de l'épargne comme des bien-faits en eux-mêmes. Or, la population nom-breuse, aussi bien que l'épargne abondante, ne représentent au contraire de véritables ri-chesses qu'en tant qu'elles sont mises en valeur. De sorte que l'exode des habitants d'un pays comme l'exode des réserves d'argent qu'il possède prouveraient surtout son impuissance économique. Faut-il se maintenir dans cet état d'impuissance ou en sortir? M. Nitti affirme que l'Italie, pays agricole, doit s'efforcer de se transformer en pays industriel, car, dit-il, en vain l'agriculture européenne essaie de lutter contre la concurrence des nouveaux continents. Ce sera, croit-il, le seul moyen de retenir dans leurs foyers les paysans qui actuellement s'en éloignent. A cet égard, je remarquerai que M. Nitti vise peut-être un avenir trop lointain pour qu'il puisse primer sur les préoccupations du moment. L'histoire nous a renseignés suffisamment sur les épreuves traversées par l'Angleterre pendant sa transformation économique, pour que nous puissions négliger ses enseignements. D'autre part, M. Nitti admettra sans difficulté, probablement, que la concurrence américaine ou australienne est aussi menaçante au point de vue industriel qu'au point de vue agricole. Au demeurant, la grande industrie ne saurait prospérer dans le Midi de l'Italie dans les conditions actuelles du pays, car on ne peut pas tirer profit d'un pays dont le pouvoir d'achat est réduit à néant. M. Nitti répond que le pouvoir d'achat du Midi de l'Italie augmentera grâce aux entreprises industrielles qu'on y installera. Mais le Midi lui-même n'a pas de capitaux pour la besogne. Il faudra donc lui en prêter. Et pourquoi ne lui en prêterait-on pas pour l'aider à mettre en valeur la fertilité de son sol, le nombre, l'activité, l'intelligence de ses agriculteurs?

III

Les forces hydrauliques.

Cependant, à part cette considération, je n'hésite pas à me ranger à l'avis de **M. Nitti** en ce qui concerne l'utilité, la nécessité pour l'Italie d'encourager, autant que possible et dans toutes les régions, l'essor de la grande industrie.

L'Italie possède, disais-je plus haut, une énorme réserve de forces hydrauliques. Entourée en majeure partie par la mer, qui contient la matière première, pour ainsi dire, de l'énergie hydraulique, et moyennant les Alpes et les Apennins qui lui servent de puissants condensateurs, l'Italie est en effet un pays privilégié à cet égard. Les fleuves écoulent, entre les montagnes et la mer, une force que **M. Giuseppe Colombo**, l'éminent électricien, évalue à

environ 3 millions de chevaux, mais que
d'autres statisticiens font monter jusqu'à 5 millions de chevaux. Aujourd'hui 300 000 chevaux
seulement de cette énorme réserve sont utilisés.

Ces 5 millions de chevaux représentent une
valeur qui peut varier entre un milliard et dix
milliards de francs, suivant le prix du charbon,
mais qui, en raison du cheval-vapeur en Angleterre, représenterait certainement, dans le cas
où ils seraient tous utilisés, une valeur de
3 milliards de francs, soit la moyenne de la
valeur marchande sur place de la production
houillère du Royaume-Uni.

Supposons pour un instant que les 350 000
chevaux de force déployés actuellement dans
l'industrie italienne par les machines à vapeur
soient également remplacés par la force hydraulique; supposons aussi que les chemins de
fer actuels, dont l'énergie déployée est d'environ 300 000 chevaux se transforment tous en
chemins de fer électriques alimentés par des
chutes d'eau. Supposons enfin, suivant l'image
de M. Colombo, que la science découvre,

comme elle le découvrira certainement, un système perfectionné d'accumulateurs et que la partie inutilisée dans ce pays même, de toute l'immense et torrentueuse énergie que les rivières italiennes renferment, puisse être un jour empaquetée, embarquée, conservée indéfiniment, vendue comme une marchandise sur les marchés les plus lointains. Qui peut dire quel sera l'avenir d'un pays semblable, savamment dirigé?

Le coût du cheval-vapeur qui s'élève en moyenne à mille francs en Italie, tomberait immédiatement à moins de la moitié de cette somme et mettrait l'industrie italienne, en ce qui concerne la ressource capitale de la force motrice, au même niveau que l'industrie anglaise. L'utilisation de ces forces constituera indubitablement, dans l'avenir, le noyau de la richesse du pays. L'Italie du Nord est la mieux douée sous ce rapport, mais le Centre et le Midi, jusqu'à Naples et Salerne, possèdent aussi des cours d'eau en abondance. Le nombre de chevaux-vapeur utilisés est actuellement de 300 000 environ, dont 140 000 environ dans l'industrie électrique. La puissance valable des installations électriques a augmenté en raison de 31 p. 100 en 1898, et était évaluée à environ 62 kilowatts en moyenne. Milan, Bergame, Turin, Rome, d'autres villes encore, sont actuellement dotées d'éclairage et de tramways électriques alimentés par l'énergie hydraulique.

La houille blanche est sans doute destinée à remplacer, tôt ou tard, en Italie, le diamant noir, comme matière première. L'épargne que l'Italie réaliserait actuellement si la substitution pouvait s'opérer à l'égard des 700 000 chevaux-vapeur déployés par les machines thermo-dynamiques, serait de 350 millions environ par an, en raison de 500 francs par cheval-vapeur; car, comme j'ai dit, cette substitution ferait tomber de 1 000 à 500 francs le coût moyen du cheval-vapeur. Les 5 millions de chevaux-vapeur disponibles ouvrent à l'Italie de vastes horizons de prospérité. Lorsqu'elle aura utilisé toute cette énergie, son industrie dépassera en richesse celle de la France, qui exploite aujour-d'hui environ 3 millions de chevaux vapeur et égalera presque celle de l'Allemagne qui en exploite 4 millions et demi. La transmission à distance de l'énergie électrique révolutionnera l'économie sociale. Aux courroies lourdes et encombrantes succéderont les fils minces, invisibles, silencieux, qui apporteront partout, à la grande usine comme au petit atelier, la source vitale de la production. Notre intelligence peut difficilement se rendre compte aujourd'hui de ce que l'avenir de l'électricité nous prépare.

On préconise déjà en Italie la nationalisation, de la part du gouvernement, des forces hydrauliques. L'État centraliserait en ses mains cette source inépuisable de richesse et en faciliterait autant que possible la concession aux entreprises privées. L'idée est au plus haut degré pratique, et le moyen le plus sûr pour l'État de la traduire en fait serait celui de s'emparer effectivement des centres d'énergie, dans le but d'y activer la production du courant qu'il distribuerait lui-même aux concessionnaires. Ce problème grandiose occupe de nos jours, en effet, les hommes d'État et les penseurs de l'Italie contemporaine. La nationalisation des forces hydrauliques, observe justement M. Nitti, s'impose d'autant plus que l'exploitation de ces forces sur place détermine une perte considérable. Elle localise inutilement une énergie qui serait au contraire de nature à rayonner autour d'elle ses bienfaits et dans une sphère que les applications actuelles rendent déjà très vaste, mais dont la science augmentera de plus en plus l'étendue. Après les expériences célèbres de Brown en 1890 et 1892, entre Lauffen et Francfort et celles toutes récentes de Los-Angeles en Californie, où une énergie électrique ayant une tension de 33 000 volts est transmise à une distance de 130 kilomètres, avec un rendement de 90 p. 100, on peut compter, dès à présent, sur la possibilité de transmettre l'énergie électrique à des distances de 150 à 200 kilomètres avec un rendement d'au moins 80 p. 100. En fractionnant par contre les forces d'eau le rendement global de ces mêmes forces serait inférieur; il n'atteindrait même pas la cinquième partie de cette proportion. Une rivière comme le Serio, par exemple, en province de Bergame, voit son cours opulent, dont l'énergie a été évaluée à 300 000 chevaux, épuisé par des exploitations dont l'ensemble n'utilise pas plus de 30 à 35 000 chevaux. L'avantage des grandes installations pénètre d'ailleurs peu à peu l'esprit des hommes d'affaires en Italie. Les demandes de concession en 1885-86 visaient des forces de 36 chevaux en moyenne; en 1889-92, cette moyenne montait à 130; en 1897-98 à 230; en 1899 à 2 160 chevaux.

L'État, en centralisant l'exploitation des forces hydrauliques, qui appartiennent de fait à la collectivité, préparera, par conséquent, les bases de la grandeur économique du pays.

CHAPITRE II

L'Italie agricole.

———

I

Statistique générale.

La superficie du territoire occupé par le royaume d'Italie est de 28 664 843 hectares, dont :

Italie continentale	23 646 474
Sicile	2 546 125
Sardaigne	2 370 956
Autres petites îles	92 288
	28 664 843

1. BIBLIOGRAPHIE. — *Annuario statistico italiano*, Rome, 1901. — Aronne Rabbeno, *Il contratto di mezzadria*, Turin, 1881. — Eugène Müntz, *Florence et la Toscane*, Paris, 1897. — Élisée Reclus, *Géographie universelle*, Paris, 1884.

Ainsi 82,50 p. 100 de la superficie totale appartiennent à l'Italie continentale et 17,50 p. 100 appartiennent à l'Italie insulaire.

Voici la classification de ce territoire :

Terrains productifs...	20 283 000 hectares.	71 p. 100
— improductifs.	4 607 400	— 16 —
— incultes.....	3 774 400	— 13 —

Les terrains productifs sont ceux qui sont soumis à la culture. Les improductifs comprennent le territoire occupé par les lacs, les fleuves, les routes, les villes et les localités habitées, les terrains palustres ou rocailleux ; les terrains incultes comprennent le territoire non cultivé qui, pourtant, fournit quelque production naturelle.

Nous n'avons à nous occuper, pour le moment, que des terrains productifs. Les trois quarts de ces terrains, soit 15 400 000 hectares, sont soumis à une culture normale ; 4 000 000 d'hectares sont des terrains boisés, 400 000 hectares sont des terrains à châtaigniers, 360 000 hectares sont des terrains à pâturage ou à culture intermittente.

Voici maintenant la valeur marchande des divers produits agricoles :

Froment......................	860	millions de lires.
Blé de Turquie (maïs)........	293	—
Avoine, seigle, orge..........	83	—
Riz..........................	63	—
Légumes et châtaignes.......	165	—
Lin et chanvre..............	78	—
Vin.........................	743	—
Huile d'olive....	194	—
Citrons et oranges..........	55	—
Tabac	6	—
Bois de toutes sortes........	90	—
Total.............	2 630	millions de lires.

Le vin et le froment sont par conséquent les produits principaux du sol de l'Italie. Le froment est cultivé dans toutes les provinces italiennes : et dans les provinces italiennes il y a aussi des terres plantées de vignes. Le maïs est également cultivé partout, tandis que le riz est cultivé exclusivement dans le Nord. Les huiles d'olive, les citrons et les oranges sont des productions presque exclusives de la Toscane, du Midi de l'Italie continentale et de la Sicile; la Sardaigne, la Ligurie et la Lombardie en fournissent, cependant, de petites quantités.

Les terrains boisés, parsemés çà et là dans

presque toutes les régions de l'Italie, prédominent surtout dans la Haute-Vénétie, dans les Abruzzes, dans les Calabres et dans l'île de la Sardaigne.

A la valeur marchande de la production agricole proprement dite, il faut ajouter la valeur des produits fournis par les industries qui émanent directement de l'agriculture, c'est-à-dire l'élevage du bétail et des vers à soie. L'élevage du ver à soie est une industrie caractéristique de l'Italie septentrionale, notamment de la Lombardie; le Piémont et la Vénétie viennent après. Sur 40 000 000 de kilogrammes de cocons produits annuellement, 16 millions sont produits en Lombardie, 6 millions en Piémont, 8 millions dans la Vénétie; les autres 10 millions un peu partout dans le reste de l'Italie continentale. En Sicile et en Sardaigne cette industrie est presque nulle. Ces 40 millions de kilogrammes de cocons représentent une valeur marchande de 100 millions de lires environ.

Quant au bétail, les revenus de l'élevage, c'est-à-dire viande, os, peaux, lait, sont évalués à environ 1 milliard de lires. Je n'ai pas compté, parmi les produits agricoles, les fourrages constituant la nourriture des animaux affectés à l'agriculture, étant donné que la valeur de ces produits est compensée par les animaux eux-mêmes.

En réunissant enfin ces diverses données nous obtenons :

	Millions de lires.
Produits agricoles proprement dits......	2 630
Élevage des vers à soie.	100
— du bétail....................	1 000
Total.............	3 730

A cette somme il faut, enfin, ajouter toute la production fruitière, les poulets, les œufs, les fleurs, la paille à chapeaux, les champignons, les truffes, et autres.

En somme, la production agricole de l'Italie est évaluée à environ 5 milliards de lires.

L'Italie produit-elle tout ce que les ressources naturelles de son territoire permettraient d'attendre? Non, puisque la production agricole de la France, dont la terre est certainement moins fertile, est évaluée à environ 14 milliards de francs, soit trois fois la production agricole italienne sur un territoire d'une étendue de 53 600 000 hectares, c'est-à-dire inférieure au double de la superficie territoriale de l'Italie. Et pour mieux se rendre compte de l'infériorité économique de l'Italie, à cet égard, il est utile de songer au fait que la population de l'Italie représente les cinq sixièmes de la population de la France. La proportion, donc, qui existe entre la France et l'Italie au point de vue de la richesse agricole actuelle, peut être représentée par les termes suivants :

1 à 3 pour la production;

5 à 6 pour la population, ce qui, traduit en rapports arithmétiques, donne les deux fractions suivantes : 1/5 et 3/6.

Réduisant ces deux fractions au commun dénominateur on obtient : 6/30 et 15/30, c'est-à-dire que l'Italie, par rapport à la production agricole comparée à la population, est dans la proportion de : 6 à 15 ou 4 à 10, à l'égard de la France.

II

La nourriture des paysans.

Mais, en Italie, on ne mange pas beaucoup, comme on sait. La consommation de la viande, par exemple, y est inférieure à la moyenne de presque tous les pays d'Europe. On a calculé à 26 kilogrammes la consommation annuelle de la viande par tête d'habitant dans les communes *fermées* et à 6 kilogrammes par tête d'habitant dans les communes *ouvertes*. En France, la consommation de la viande était de 53 kilogrammes par tête d'habitant en 1862 dans la population des villes et de 18 kil. 570 par tête d'habitant dans la population des campagnes. Cette consommation est montée maintenant à 58 kil. 530 et 26 kil. 370 respectivement par tête d'habitant. Le paysan italien du Nord ne mange de la viande qu'une fois par semaine; cela quand tout va bien à la maison. Car, autrement, il ne pourra s'en régaler qu'une fois par mois et même plus rarement encore.

Dans la Toscane, la consommation de la viande est, proportionnellement, plus élevée ; dans la Campagne Romaine et dans le Midi, au contraire, la viande est un aliment presque inconnu des populations agricoles. La *polenta* est le mets habituel des paysans de la Lombardie, de la Vénétie, de l'Émilie et des Marches. C'est une sorte de pâte préparée avec de la farine de maïs délayée dans de l'eau bouillante. Ce n'est pas un plat nutritif évidemment. Cependant il ne serait pas malsain, s'il était préparé convenablement. Il faut surtout que l'eau dans laquelle on verse la farine de maïs soit bien salée, ce dont les paysans n'ont pas cure, et pour cause. Car le sel est assez cher en Italie et, souvent, les paysans n'ont pas de quoi en acheter. Le sel ordinaire de cuisine est vendu en Italie 40 centimes le kilogramme et l'État en monopolise la vente, excepté en Sicile et en Sardaigne. En Allemagne le prix du sel est de 25 centimes le kilogramme, en Suisse de 21, en France de 10. La question du prix du sel a été agitée ces derniers temps et intéresse encore les milieux politiques.

Quant à la consommation annuelle du blé de Turquie, en Italie, elle a été calculée à 66 kilogrammes par tête d'habitant. Ces 66 kilogrammes constatés sur la totalité de la population, deviennent, au moins, quatre fois autant si la répartition de la consommation effective, évaluée à environ 22 millions de quintaux en 1899, est faite en rapport avec le nombre de personnes qui effectivement en font usage. Je ne crois pas me tromper en calculant que dans les campagnes où l'on mange la *polenta*, la consommation du maïs atteint 250 à 300 kilogrammes par an et par tête d'habitant : soit à peu près un kilo de *polenta* par jour et par tête d'habitant. Or, la consommation du sel de cuisine est, notamment dans ces mêmes campagnes, inférieure de beaucoup à la moyenne de la consommation qu'on en fait dans le reste de l'Italie : soit 5 kilogrammes par tête d'habitant contre environ 7 kilogrammes.

Le fait de manger la *polenta* non salée détermine, concurremment avec un labeur excessif, la maladie bien connue de la pellagre, qui sévit parmi les pauvres paysans des plaines lombardes, vénètes et de l'Émilie. Les personnes atteintes par cette affreuse maladie ont la peau jaunâtre, maculée de taches écarlates. La pellagre étant héréditaire, les fils d'un pellagreux seront nécessairement des pellagreux à leur tour, ou des tuberculeux. Sur 2 807 personnes mortes de pellagre en Italie en 1899, 2 255 appartiennent à la Lombardie méridionale, à la Vénétie méridionale et à la Haute-Emilie. Sur 55 800 personnes mortes de tuberculose, 19 655 appartiennent aux mêmes régions. On a beau fonder des hôpitaux pour la cure des pellagres, on ferait mieux, à mon avis, de laisser mourir tranquillement les pellagreux et de destiner l'argent des hôpitaux à la distribution gratuite du sel de cuisine. Mais la bienfaisance, de nos jours, tend plutôt à organiser la répression du mal, qu'elle ne vise à le prévenir. C'est ce qui arrive quand les chroniqueurs nous apprennent qu'un homme vient de mourir de faim. Tout le monde se lève, alors, contre l'assistance publique, contre la Société tout entière et ses institutions. C'est un chœur universel de reproches réciproques accompagnés de paroles

inspirées d'une pitié sincère pour la victime.
Les reproches et la pitié ont vite fait de passer
cependant, avec l'enterrement du pauvre diable
qui, de son vivant, aurait probablement préféré
un peu de bonne nourriture à la perspective de
tout cet empressement posthume du public pour
lui. Il est inutile, à mon sens, de se dépenser
en accents de désolation et de fondre en larmes
désespérées sur des faits qui se déroulent quotidiennement sous nos yeux; car, avec un peu
plus de prévoyance, on aurait pu s'épargner
ces larmes et cette désolation.

III

Les exploitations industrielles du Nord.

Dans les basses terres irriguées du Piémont,
de la Lombardie, de la Vénétie et de l'Émilie,
dans toute l'immense plaine qui suit le cours
du Pô et qui est arrosée par ses innombrables
affluents, l'exploitation industrielle de la terre
a créé, par ses exigences, les grands domaines
que cultivent une foule de travailleurs salariés

n'ayant aucun lien effectif avec la terre. Le riz, le blé et le maïs constituent les principales cultures de ce territoire. L'industrie agricole proprement dite a pénétré dans les plaines du Nord, à partir de 1880, et a absorbé rapidement la petite propriété à laquelle faisaient encore défaut, à cette époque, et les capitaux, et l'intelligence, et l'organisation. La petite propriété se trouvait, avant 1880, dans une situation très pénible. Il suffit de rappeler que, de 1874 à 1879, les expropriations, pour cause d'insolvabilité de petits propriétaires envers le fisc, atteignent le chiffre effrayant de 4700, dans la seule province de Mantoue, soit environ 1000 par an. La grande industrie manufacturière faisant, au contraire, des progrès continuels dans le Nord de l'Italie, c'est grâce à elle que des capitaux purent être affectés à l'agriculture. Ainsi naquirent les grandes entreprises agricoles.

L'essor en fut prodigieux. En 1877, le territoire cultivé en pâturages, dans la province de Mantoue, avait une étendue de 27 700 hectares, donnant un produit de 550 000 quintaux environ. En 1899, le territoire cultivé en pâturages était monté à 50 000 hectares et le produit à 1 500 000 quintaux. En 1878, la vigne était plantée sur 35 000 hectares ; en 1899, sur 75 000. L'élève du bétail donna des résultats également satisfaisants : 70 000 têtes de bétail en 1878, 110 000 en 1899. La production du lait et des articles dérivés se chiffre par 1 000 000 de kilogrammes en 1878 ; elle se chiffrait par 3 300 000 kilogrammes en 1899. En 1878, aucune trace d'engrais chimiques dans les campagnes ; en 1899 la consommation des engrais chimiques était de 400 000 quintaux. En 1878, aucune trace non plus de machines agricoles ; en 1899 on comptait 400 faucheuses, 800 semeuses, 800 racleuses mécaniques.

Par conséquent, la situation des grands propriétaires et des entrepreneurs a toujours été excellente dans l'Italie du Nord, quoique les progrès à accomplir soient encore considérables : car la terre ne donne pas encore dans l'Italie du Nord tout ce qu'elle pourrait donner. En effet, la production moyenne du blé ne s'élève, dans la province de Mantoue, qui offre en quelque sorte les caractères typiques de l'agriculture de toute

la région, qu'à 11 hectolitres environ par hectare, tandis qu'en Angleterre la moyenne est de
31,6, en France de 15, en Autriche de 15, en
Hollande de 28, en Danemark de 27, et, dans
certaines exploitations de la Vénétie et de l'Émilie même, la production atteint 30 et même
33 hectolitres par hectare. Si, malgré cette infériorité manifeste, les grands entrepreneurs ont
pu réaliser de gros bénéfices, c'est grâce à
l'abondance et au vil prix de la main-d'œuvre
agricole, contrainte soudainement au chômage
à la suite de la formation des grandes exploitations. Nous verrons, plus tard, que la situation
des ouvriers agricoles dans la province de Mantoue et dans toute la vaste région où domine
la culture intensive s'est un peu améliorée dernièrement. Cependant cette situation ne cesse
d'être encore extrêmement pénible. En tout
cas, l'amélioration du sort des paysans s'est
faite à travers des difficultés terribles : l'émigration, toujours très sensible, en est la preuve.
De 1878 à 1898 environ, 45 000 paysans ont
quitté leurs pays dans la seule province de Mantoue et, en 1888, l'émigration y atteignait la pro-

portion de 2 023 par 100 000 habitants, la plus élevée de toute l'Italie, à cette époque.

IV

La petite propriété.

La petite propriété foncière, là où elle a pu résister à l'œuvre d'absorption de l'industrie agricole, se trouve aujourd'hui dans des conditions incomparablement meilleures que celles d'autrefois. A côté des grands domaines, on rencontre encore dans la plaine padane de petites étendues de territoire appartenant à des paysans cultivateurs, véritables oasis de prospérité et de calme. Et tout à fait au nord de la Lombardie et du Piémont la propriété rurale se fractionne jusqu'à des cotes infinitésimales : 25 p. 100 de propriétés sont inférieures à 10 ares; 33 p. 100 inférieures à 1 hectare; 30 p. 100 inférieures à 10 hectares. Cet émiettement aurait indubitablement des inconvénients très graves — et il en a, en effet, dans d'autres provinces de l'Italie — si les petits propriétaires de l'Italie du Nord n'avaient pas su se créer graduellement un milieu favorable.

Des études sérieuses ont déjà été consacrées en France à la coopération agricole dans le Nord de l'Italie, et il est donc inutile que je m'attarde à en exposer les détails. Les caisses rurales y ont toutes, plus ou moins, la physionomie des institutions similaires fondées en Allemagne par Raiffeisen. La première de ces caisses a été fondée à Loreggia, en province de Padoue, le 20 juin 1883, par M. Wollenborg. Partout existent, en outre, des comices agricoles, chargés d'étudier les conditions de l'agriculture et de proposer des mesures au gouvernement. A côté d'eux fonctionnent les syndicats agricoles, qui se chargent de l'achat en gros des semences, des engrais, du bétail, des instruments agricoles et de les distribuer aux sociétaires. Les sociétaires payent une cotisation très modeste, entre 5 et 12 francs par an. Les principaux syndicats sont à Padoue, Turin, Modène, Voghéra, Legnago, Parme, Mantoue, Pieve di Soligo, Canneto-Pavesé. Des unions agricoles catholiques fonctionnent à Trévise, Treviglio

Bergame et en beaucoup d'autres localités de la Lombardie occidentale et du Piémont.

Le gouvernement a institué des chaires ambulantes d'agriculture occupées par des professeurs distingués, chargés de parcourir les campagnes et d'expliquer aux agriculteurs les meilleurs moyens de cultiver la terre. Les banques populaires des villes situées à proximité des centres agricoles favorisent autant qu'elles peuvent les syndicats, soit par des subventions d'argent à longue échéance, soit par des interventions en garantie chez des fournisseurs. Enfin les syndicats agricoles de l'Italie du Nord font partie de la fédération italienne des syndicats agricoles qui s'est fondée en 1892 et a son siège à Parme.

Cette organisation sert donc à procurer des facilités aux petits propriétaires et aux petits entrepreneurs agricoles. Le métayage prédomine dans les endroits où règne la petite propriété, et la situation des paysans y est excellente. Les revenus d'un petit élevage servent à corser les ressources de ces derniers, pour qui le petit propriétaire, toujours intelligent, actif et affectionné à sa terre, garde un attachement très vif. C'est ici même que se pratique sur une vaste échelle l'élève des vers à soie et l'entreprise en est ordinairement conduite en métayage. Les 16 millions de cocons que j'ai mentionnés plus haut sont en grande partie fournis par les petits propriétaires cultivateurs de la Lombardie et du Piémont

V

La Toscane agricole.

Mais c'est la Toscane qui nous offre l'exemple le plus saisissant des bienfaits de la petite propriété foncière et du métayage loyalement et intelligemment pratiqué.

Celui qui, venant de Bologne, descend les hauts sommets de l'Apennin vers les collines qui dominent Pistoie, éprouve un sentiment vif d'admiration devant le tableau grandiose et charmant de la vallée de l'Arno. A ses pieds se déploie tout un vaste paysage qu'il prend facilement pour un immense jardin ; ici, des collines

que sillonnent des rangs interminables de vignobles; là, la plaine tranquille sertie de mûriers,
d'oliviers et d'autres plantes innombrables, à
côté des champs de blé, de maïs, de légumes;
plus loin, des pâturages et encore des vignobles,
et encore des plantes, et encore des champs.
L'œil de l'observateur découvre une foule de
maisonnettes parsemées au milieu des champs,
et blanchissant la verdure, si bien qu'il pourrait
facilement croire à la vision de l'immense fau-
bourg d'une cité énorme et invisible.

Et lorsque le voyageur aura descendu la crête
et se sera retourné vers les hauteurs qu'il vient
de franchir, le paysage lui paraîtra plus merveilleux encore. La forme abrupte, les fantai-
sies de profils qu'affectent en général les Apennins donnent une apparence imposante aux
monts de la Toscane : en plusieurs districts ces
derniers ont aussi gardé la grâce que donnent
à la chaîne entière les forêts de châtaigniers sur
les pentes inférieures, de sapins et de hêtres
sur les versants plus élevés.

Que de poètes ont chanté les bois délicieux
qui recouvrent le versant du Prato Magno, au-

dessus du bassin où s'unissent les vallées de la Sieve et de l'Arno! Le nom charmant de Vallombrosa, dont Milton célébrait les hautes arcades de branchages et les feuilles jaunies par l'automne, éparses sur les ruisseaux, est devenu comme une expression proverbiale, désignant tout ce que la poésie de la nature a de plus suave et de plus pénétrant. Du haut de Vallombrosa le tableau qui se déroule devant vous est, à la fois, riant et grandiose : il fait penser, dit M. Eugène Müntz, à certaines symphonies de Beethoven, où le *scherzo* d'une sérénité et d'une grâce exquises se trouve encadré entre les graves et sublimes accords de l'*adagio* et du *finale*. De sombres montagnes couvertes de sapins descendent de tous côtés, par une pente rapide et comme pour l'écraser, jusqu'à l'étroite vallée aux eaux fraîches, aux pelouses verdoyantes, sur lesquelles paît tranquillement un troupeau de moutons. A gauche, un immense bloc de rocher fait saillie sur le fond noir de la montagne, semblable à une éternelle menace suspendue au-dessus du voyageur. Les âpres escarpements des grands Apennins et les forêts qui en parent encore les versants forment le plus heureux contraste avec les vallées et les collines doucement arrondies de la Basse-Toscane. Presque chaque hauteur porte quelque vieille tour, débris d'un château fort du moyen âge; sur les pentes et en bas, des villas gracieuses, des maisons de métayers surgissent comme pour permettre à nos yeux de se reposer de l'enchantement du milieu. Les souvenirs de l'histoire, le goût naturel des habitants, la fertilité du sol, l'abondance des eaux, la douceur du climat, tout contribue à faire de la Toscane centrale la région privilégiée de l'Italie.

Le climat de la Toscane est un climat essentiellement tempéré, doux, sans extrêmes aussi violents que ceux de la plaine padane, et c'est, sans doute, à son influence modératrice, ainsi qu'à la grâce naturelle du pays, que les Toscans doivent leur gaîté simple, leur égalité d'humeur, leur goût si fin, leur vif sentiment de la poésie, leur imagination facile et toujours contenue.

Dans tout le pays domine la petite propriété foncière et, à côté d'elle, le métayage. C'est dire qu'il y règne l'aisance et la concorde. En Toscane vit encore le calme classique qu'a chanté Virgile dans les *Géorgiques*, là où il dit que le laboureur voit ses enfants chéris se suspendre à ses baisers : sous son chaste toit, poursuit le poète, on garde la pudeur. Ses vaches laissent pendre leurs mamelles pleines de lait et dans les riantes prairies ses gras chevreaux luttent à l'envi en se heurtant de leurs cornes.

> Interea dulces pendent circum oscula nati ;
> Casta pudicitiam servat domus, ubera vaccæ
> Lactea demittunt, pinguesque in gramine læto
> Inter se adversis luctantur cornibus hædi.

Saturne, en cet âge d'or, ajoute Virgile, menait cette vie simple sur la terre : alors le clairon des batailles n'avait pas encore enflé sa voix, et le marteau ne forgeait pas encore des épées sur l'enclume retentissante.

> Necdum etiam audierant inflari classica, necdum
> Impositas duris crepitare incudibus enses.
>
> (*Géorgiques*, l. II.)

La région toscane est divisée en petites propriétés, cultivées chacune par une famille de paysans : l'étendue de ces propriétés varie précisément suivant le nombre des paysans appelés à les cultiver : l'étendue moyenne est d'environ 12 hectares et la famille qui cultive le champ est, en moyenne, composée de trois ou quatre hommes, deux femmes et quelques enfants. Chaque propriété possède une maison d'habitation et, à côté de celle-ci, les bâtisses nécessaires à l'exploitation du bien-fonds : telles une étable, une grange, etc. La famille de paysans est soumise à l'autorité d'un chef qu'on appelle en Toscane *capoccia*, qui représente la famille devant le propriétaire et est responsable de l'exploitation : le capoccia peut être le père aussi bien que l'un des frères de celui-ci ou de ses fils : c'est, généralement, le plus intelligent de la famille.

Une moitié des produits appartient au propriétaire, l'autre moitié à la famille du métayer. Les métayers, cependant, doivent, par tradition, fournir certains cadeaux au propriétaire, c'est-à-dire lui donner des œufs, des poulets ou des jambons ; ces cadeaux périodiques sont censés représenter le prix du loyer de la maison d'habitation occupée par les métayers. En revanche le propriétaire doit non seulement avancer les frais d'ensemencement et d'achat de machines agricoles, effectuer les améliorations requises par l'exploitation de la terre, mais aussi payer aux paysans des salaires supplémentaires en argent, lorsqu'il a recours à leur main-d'œuvre en dehors des travaux strictement agricoles. D'autre part, la famille des métayers a le devoir de partager avec le propriétaire le prix des journées de travail que, par hasard, l'un de ses membres accomplirait ailleurs que dans le bien-fonds qui lui est confié. Une journée de travail se paie, en Toscane, de 2 à 3 francs.

Lorsque le propriétaire possède plusieurs petites propriétés ainsi distribuées, il nomme, ordinairement, un agent, le *fattore*, pour régler ses comptes avec les diverses familles de métayers. L'élève du bétail est aussi pratiquée en métayage, en Toscane. Mais les paysans peuvent, s'ils veulent, s'adonner à d'autres travaux, pour leur compte exclusif. Aussi les familles des métayers exercent-elles, plus ou moins, certaines petites industries traditionnelles en Toscane, comme le tissage à la main, la confection des tresses pour chapeaux de

paille, la fabrication de petits objets à mosaï-
que, etc.

La nourriture des paysans en Toscane est
bonne ; elle se compose de légumes et de farine
de blé ou maïs, quelquefois de viande ; la table
du paysan est, en tout cas, toujours garnie de
pain blanc et de vin en quantité suffisante. Les
contrats agricoles entre propriétaires et paysans
sont annuels, mais ils sont renouvelables et, en
réalité, ils sont renouvelés tacitement. Presque
toutes les familles de métayers occupent la
propriété depuis un temps immémorial : car il
faut faire une remarque essentielle à l'égard de
la propriété foncière en Toscane : elle n'a point
traversé les péripéties qui caractérisent l'histoire économique des autres régions. La Toscane a toujours joué un rôle à part, dans l'histoire italienne, depuis les anciens Étrusques,
jusqu'à l'accomplissement de l'unité italienne.
Lorsque les Romains eurent dissous la confé-
dération étrusque, après la prise de Veies, la
physionomie économique du pays resta toujours
la même ; et cette physionomie économique ne
changea pas non plus à travers les vicissitudes

ultérieures. Les Goths, les Lombards y établirent des ducs ; Charlemagne y établit des comtes, mais ces comtes et ces ducs devinrent rapidement des Toscans eux-mêmes, le pouvoir d'assimilation du peuple toscan étant vraiment exceptionnel. En Toscane, le plus barbare des hommes se sent ravi irrésistiblement par la beauté incomparable du pays. Plus tard, la physionomie originale de la région s'affermit mieux encore, naturellement, grâce à l'indépendance des républiques.

En Toscane, on fait d'abondantes récoltes de blé, maïs, légumes : environ 100 000 hectares sont plantés de vignes. Les vins rouges de la Toscane sont excellents et préparés avec soin. L'olivier y est cultivé largement et la fabrication de l'huile d'olive très répandue. Parmi les fruits, je citerai les raisins, les oranges, les figues, les olives, les châtaignes, les cerises. La Toscane possède en abondance des chevaux, des bestiaux de toute espèce, des bêtes à cornes qui y sont aussi l'objet d'un commerce d'exportation, des buffles, des perdrix, des bécasses, etc.

En résumé, la situation de l'agriculture, en Toscane, est absolument enviable. La forme du contrat agricole en a, seule, à mon avis, tout le mérite. Aucune trace de pellagre, en Toscane, ni de misère. Les paysans y sont tous instruits et intelligents, et gardent pour la terre qui leur est confiée une affection très vive : leur condition économique est tellement aisée que difficilement on pourrait découvrir, en Toscane, un métayer qui serait disposé à échanger sa propre situation contre celle du propriétaire lui-même.

CHAPITRE III

L'Italie agricole (*suite*) [1].

I

Les provinces méridionales.

Mais au sud de cette région enchanteresse
commence un nouveau monde : c'est le Midi de
l'Italie qui apparaît sous ses traits de tristesse
et de misère. La Campagne Romaine avec les
marais Pontins et les *Maremme*, qui s'y ratta-
chent géographiquement, constituent un premier témoignage, combien éloquent, hélas!

1. BIBLIOGRAPHIE. — *Annuario statistico italiano*, Rome,
1901. — Di San Giuliano, *Le condizioni della Sicilia*, Rome,
1898. — Angelo Sestini, *Inchiesta sulle Puglie*, Rome, 1901.

des différences profondes qui séparent les deux moitiés de l'Italie. Dans l'une, nous avons rencontré une activité fiévreuse, une croissante prospérité ; dans l'autre, nous constatons une permanente désolation. Ce qui caractérise le Midi de l'Italie, au point de vue agricole, c'est l'étendue immense des terres marécageuses, incultes ou imparfaitement cultivées : la grande propriété foncière y prédomine ; et, d'autre part, la petite propriété, là où elle existe encore, est bien loin de jouir des avantages dont elle est entourée dans le Nord et dans la Toscane.

Nous avons vu que les terres incultes en Italie s'étendent sur une superficie de 3 774 400 hectares. Elles se partagent en 2 500 000 hectares terres sèches et 1 274 400 terres marécageuses. Voici la distribution de ces terres dans le Midi :

TERRES INCULTES (EN HECTARES).

	Sèches.	Marécageuses.
Latium et Toscane méridionale.	350 000	380 000
Marches..	200 000	100 000
Campanie, Basilicate, Calabre, Pouille....................	1 277 000	600 000
Sicile	68 000	»
Sardaigne...................	250 000	10 000
	2 145 000	1 090 000

Le Midi de l'Italie possède, par conséquent, la presque totalité des terres incultes du pays; et les terres incultes, sèches et marécageuses, y couvrent la cinquième partie du territoire.

Les travaux d'assainissement des terres marécageuses sont poursuivis à vrai dire avec une certaine activité en Italie. Au 31 décembre 1899, sur 1 274 000 hectares de terrains palustres, on avait entrepris l'assainissement de 700 000 hectares environ, dont 300 000 environ seront bientôt prêts à la culture régulière. Mais si, d'une part, l'assainissement des marais est une condition indispensable pour rendre cultivables toutes les autres terres incultes ou imparfaitement cultivées qui les avoisinent, la mise en valeur rationnelle de ces terres ne saurait être le résultat que d'une politique agraire avisée.

Dans la plaine padane, le régime de la petite propriété foncière dominait avant 1880 : et ce n'est qu'à la suite des crises douloureuses que les grandes exploitations agricoles ont été constituées. Cependant, les petits propriétaires qui surent résister au fléau ont profité à leur tour de la formation de ces entreprises et de leur fortune croissante; si bien que nous avons pu constater dans le Nord l'existence d'une petite propriété savamment outillée et jouissant d'une prospérité enviable. Un phénomène inverse s'est produit dans le Midi. La grande propriété y régnait en souveraine au moment de la formation de l'unité italienne et l'étendue des terres publiques ou inaliénables était incalculable. Le gouvernement italien, voulant créer des petites propriétés sur les ruines de la main-morte et des fidéicommis, agissait avec sagesse. Mais la vente aux enchères du patrimoine ecclésiastique ordonnée par les lois du 7 juillet 1886, 15 août 1867 et 19 juin 1873, a été effectuée trop à la hâte pour qu'elle pût donner les résultats que l'on attendait d'elle. Ainsi la répartition de la terre entre les acheteurs aux enchères n'eut aucun succès pratique et ne servit qu'à créer une foule de petits proprié-taires provisoires; car ces acheteurs, loin d'être de véritables agriculteurs, étaient en majorité des spéculateurs et des déclassés attirés exclu-sivement par l'appât du bas prix et désireux surtout de revendre avec bénéfice. Les terres vendues allèrent peu après grossir les *latifundia* privés, véritable mainmorte laïque, remplaçant l'ancienne mainmorte des congrégations religieuses. Les capitaux faisant défaut dans le Midi, les grands propriétaires étant presque tous absentéistes, la culture de la terre y est négligée presque partout.

II

Les Pouilles.

Une seule province du Midi de l'Italie continentale avait atteint, il n'y a pas longtemps, des conditions de prospérité relative, les Pouilles. Mais aujourd'hui elle est à nouveau plongée dans la détresse. Vers 1880, lorsque la France, à cause du phylloxéra qui ravageait ses vignobles, devint une cliente de premier ordre pour l'Italie, un courant de fiévreuse initiative traversa les Pouilles. Tous, grands et petits, se mirent à planter des vignes et ceux qui n'avaient pas d'argent en empruntèrent aux banques et aux usuriers. Un hectare de terrain rendait alors, dans ce pays, une somme équivalant à sa valeur effective, soit 100 p. 100.

Mais cette aubaine ne pouvait pas durer. La rupture du traité de commerce avec la France et, d'autre part, la reconstitution des vignobles français, vinrent, au contraire, bouleverser les espérances des agriculteurs des Pouilles. Les exportations de vin de l'Italie qui étaient montées de 354 000 hectolitres, en 1877, à 3 582 000 hectolitres, en 1887, tombèrent, depuis, après la rupture du traité avec la France, à 1 807 000 hectolitres en 1888, à 1 408 000 en 1889, à 904 000 hectolitres en 1890. Après 1890, l'exportation s'est accrue, grâce à l'ouverture de nouveaux débouchés, mais elle est toujours loin de toucher les proportions anciennes. Surtout le rendement final de la vente des vins exportés est de beaucoup inférieur, à cause des frais de transport plus élevés. De plus, en 1900, la crise vinicole s'est compliquée des suites fâcheuses des maladies qui ont frappé, en même temps que les vignobles, les oliviers et les plantations de céréales.

Voici le tableau de la production agricole de 1900 comparée à la production moyenne des années normales.

Je ne cite que les produits principaux du pays : le froment, le maïs, le vin et l'huile d'olive, c'est-à-dire les produits sur lesquels est fondée la richesse des Pouilles :

PRODUITS	PRODUCTION MOYENNE		PRODUCTION EN 1900		PERTE en 1900
	Hectolitres	Valeur	Hectolitres	Valeur	
Froment	1 016 000	19 192 000	515 000	9 680 000	9 512 000
et maïs.	1 700 000	45 900 000	150 000	4 050 000	41 850 000
Vin.....	350 000	35 000 000	100 000	10 000 000	25 000 000
Huile...		100 092 000		23 730 000	76 362 000

Ce sont donc 76 millions de perdus sur une production moyenne de 100 millions, soit plus des trois quarts de celle-ci. La misère a donc remplacé, dans les Pouilles, la prospérité d'autrefois. Des exploitations agricoles naguère florissantes sont, aujourd'hui, délaissées par les propriétaires, impuissants à faire face à leurs engagements.

L'émigration, qui avait jusqu'ici épargné cette

province, y creuse de nos jours des vides effroyables. Tandis qu'en 1898 l'émigration permanente dans la Basilicate atteignait la proportion de 1 460 par 100 000 habitants, dans les Abruzzes de 826, dans la Calabre de 1 115, dans la Campanie de 794, et respectivement de 1 615, 1 167, 1 306, 845 en 1899, dans les Pouilles, elle n'était que de 96 et de 156 respectivement en 1898 et 1899. En 1900, l'émigration dans les Pouilles avait été encore moins sensible et, sur le total des personnes émigrées en Italie, soit 352 783, les Pouilles n'avaient été représentées que par 113 individus. Tout le monde espérait dans une reprise de la vie économique. Mais aujourd'hui les espérances paraissent tombées à jamais, puisque, au cours de 1901, l'émigration a augmenté continuellement, et pendant les seuls premiers mois de 1902, les individus émigrés se chiffrent par 13 000 environ; ce qui fait monter la proportion avec la population à des limites épouvantables. Et ce qui ajoute à la tristesse de ces constatations, c'est le fait de voir parmi les émigrants qui quittent le Midi de l'Italie continentale pour se rendre aux États-Unis de l'Amérique du Nord ou aller défricher les vastes plaines du Brésil, de voir parmi eux des petits propriétaires en grand nombre, abandonnant leur champ et leur maisonnette au percepteur et à l'usurier qu'ils ne peuvent payer.

Les conséquences de cet exode sont désastreuses; car si l'émigration des paysans de la province de Mantoue a eu pour résultat une certaine amélioration du taux des salaires, grâce à la demande croissante de main-d'œuvre; dans le Midi, au contraire, où les capitaux font défaut, où les propriétaires sont découragés en partie, et, en partie, insouciants du sort de leurs terres, l'émigration exerce une répercussion fâcheuse sur la situation économique du pays. La zone des terres cultivées se fait de plus en plus restreinte et la misère du peuple de plus en plus vive. Des émeutes éclatent souvent parmi les paysans des Calabres, de la Basilicate et des Pouilles; des révoltes irréfléchies, désordonnées, brutales, dont on doit rechercher l'origine dans les souffrances causées par la faim.

III

La Sicile.

La situation d'une grande partie de la Sicile n'est pas moins digne d'intérêt.

On doit diviser en deux régions différentes le territoire de la Sicile à l'égard de l'agriculture. La première comprend la plus grande partie des provinces de Trapani et de Palerme, les provinces de Girgenti et de Caltanisetta; une partie de la province de Syracuse et les arrondissements de Nicosia et de Caltagirone; en province de Catane l'arrondissement de Mistretta et la partie inférieure de l'arrondissement de Castroreale en province de Messine. Dans cette région prédomine la grande propriété foncière.

L'autre région comprend, en dehors de quelques exceptions qui existent dans le territoire sus-indiqué, les côtes orientales et septentrionales de l'île; la province de Messine et les abords de l'Etna. Ici, la propriété est très morcelée ; les propriétaires sont des cultivateurs eux-mêmes, la culture intensive prédomine partout ; les champs sont bien tenus et pourvus de bâtisses et d'habitations pour les paysans. La vigne, les oliviers et les citronniers sont les deux formes principales de culture. Cette région délicieuse évoque le souvenir de Mignon, lorsqu'elle chantait le beau pays :

Wo die Citronen blühn
Im dunkeln Laub die goldorangen Glühn.

Mais elle ne représente qu'une moindre partie du territoire, environ 300 000 hectares. Cinq fois plus grande est, au contraire, la région des *latifundia*. Les fiefs, comme on appelle en Sicile les grandes propriétés, sont principalement cultivés en céréales, alternées avec pâturages. L'étendue totale des champs de blé ou pâturages en Sicile est d'environ un million et demi d'hectares, appartenant à un nombre très restreint de propriétaires. Or, le rendement du blé en Sicile, malgré la fertilité naturelle du terrain beaucoup plus grande, est à peine égal au rendement réalisé dans le Nord de l'Italie; la moyenne de ce rendement atteint tout juste onze hectolitres par hectare.

Les grands propriétaires, absentéistes presque toujours, n'ont en réalité aucune affection pour leurs terres. Ils se tiennent toujours éloignés d'elles et souvent ne savent même pas où elles se trouvent. Ils cèdent leurs propriétés à des entrepreneurs qui, généralement, ne sont pas eux-mêmes des agriculteurs, mais bien des capitalistes qui louent un terrain dans le seul but de le sous-louer et de gagner dans l'affaire. On conçoit donc aisément que les paysans soient en définitive les victimes de tout ce système de trafics.

Les contrats agricoles sont extrêmement pénibles pour les paysans, en Sicile. Les entrepreneurs, qu'on appelle, en Sicile, *gabellotti*, sont ordinairement absentéistes comme les propriétaires et se bornent à partager les terres louées en autant de lots qu'ils trouvent de familles de paysans. Mais comme les exploitations sont dépourvues de bâtisses, les paysans, étant obligés de séjourner dans les villes, sont effectivement des salariés dont la rétribution est fournie en nature. De cette manière, les *gabellotti* peuvent exercer largement l'usure sur la classe des travailleurs qui leur est asservie et qui se trouve par ce fait dans un état d'infériorité manifeste en comparaison avec les salariés des exploitations agricoles du Nord. Cette infériorité est d'autant plus frappante que la rente foncière, tout en ayant augmenté considérablement dans ces dernières années, au profit exclusif des grands propriétaires et des fermiers, se maintient constamment à des proportions excessivement modestes, soit 20 ou 25 lires par hectare. C'est donc dans les limites de ce rendement insuffisant que la spéculation des propriétaires et des entrepreneurs se poursuit aux dépens des travailleurs dans un pays où la population dépasse la moyenne de l'Italie tout entière. En effet, en Sicile, la population se chiffre par 3 600 000 habitants sur une superficie d'environ 2 575 000 hectares, c'est-à-dire qu'elle est de 140 habitants par kilomètre carré, tandis que la moyenne de l'Italie est de 113 environ. Aussi, l'émigration tend-elle à augmenter incessamment dans les provinces de Girgenti, de Trapani, et de Palerme, où les *latifundia* dominent. Elle atteignait en 1899 la proportion suivante :

Par 100 000 habitants.

Arrondissement de Bivona	2 500 individus.	
— de Sciaccia	3 300	—
— de Cefalu	2 600	—
— de Corleone	2 000	—
— de Termini Imerese.	»	

L'émigration touchait en 1899, dans ces mêmes provinces, le chiffre fantastique de 5 459 individus sur 120 000 habitants, soit 4 500 pour 100 000. Pendant les deux années 1900 et 1901 l'émigration s'est un peu arrêtée; mais aujourd'hui elle reprend dans une mesure inquiétante.

IV

La Sardaigne.

La Sardaigne est presque aussi grande que la Sicile, mais infiniment moins peuplée. La superficie de la Sardaigne est de 2 407 800 hectares, sa population est de 766 000 habitants, soit environ 32 habitants par kilomètre carré, contre 140 en Sicile, et 113 dans l'ensemble de l'Italie. La Sardaigne a certainement été beaucoup plus peuplée dans le passé, mais sa décadence fut rapide et ininterrompue à travers les âges.

D'après le cadastre de 1851, le territoire de la Sardaigne se partageait de la manière suivante :

	Hectares.
Terres arables	886 615
Vignobles	52 392
Oliviers	8 181
Jardins potagers, orangers, citronniers, amandiers, etc.	5 816
Total des terrains cultivés...	953 004
Forêts de toute nature	251 935
Terrains incultes	925 350
Villes, villages, fleuves, torrents, marais.	277 511
Total général...	2 407 800

Aujourd'hui, la situation est à peu près la même, en ce qui concerne la proportion des terrains cultivés régulièrement : les forêts cependant sont d'une étendue inférieure, des spéculateurs ayant détruit une quantité considérable de bois ; par contre, les terrains incultes, presque tous destinés à pâturages naturels, sont augmentés au fur et à mesure précisément que l'étendue des forêts diminuait.

En 1851, la propriété des terres appartenait :

Au domaine............	400 000 hectares environ
Aux communes.........	500 000 .	—
Aux particuliers........	1 200 000	—

Aujourd'hui, les terrains de propriété domaniale et communale sont réduits à 185 000 hectares. Ce sont les terres qu'on appelle *ademprivili*, sur lesquelles peut s'exercer un droit de pâture, *ab adimplendis vitæ usibus et necessitatibus*. D'ailleurs, jusqu'en 1851, presque toute la propriété foncière en Sardaigne était *ademprivile* ou sujette à servitude de pâturage. En Sardaigne, le régime de la propriété n'était que vaguement déterminé dans le passé. Il se composait de fiefs appartenant, pour la plupart, à de grands feudataires de la couronne d'Espagne qui vivaient hors de l'île et avec des revenus autres que ceux provenant des fiefs sardes. Ils ne se souciaient guère de retirer de ceux-ci que les redevances leur revenant pour l'exercice du droit de vaine pâture sus-indiqué ; seulement, comme il fallait permettre aux vassaux, pou vivre, de se procurer les denrées de première nécessité, ces grands seigneurs leur avaient abandonné certaines portions de terrains arables que les vassaux avaient divisées entre eux. De là est venu un régime particulier de petite propriété que nous allons examiner et qui, à côté de l'étendue immense des terrains incultes, constitue le phénomène le plus caractéristique de la Sardaigne agricole.

En 1848, la féodalité a été abolie. L'État se mit en possession des lieux qui en dépendaient et en concéda une partie, soit aux communes, soit aux corps ruraux, soit à des sociétés particulières ; il respecta seuls les droits acquis des petits cultivateurs qui, à la suite de l'abolition de la féodalité, furent naturellement changés en petits propriétaires. Cependant, les vassaux, devenus ainsi propriétaires du sol qu'ils cultivaient depuis longtemps, n'eurent pas grand chose à gagner de l'échange, car les dîmes furent remplacées par les impôts, pesant souvent plus lourdement encore sur eux. La charge des impôts est même devenue, quelquefois, écrasante, à cause surtout du morcellement excessif de la propriété foncière. En effet, ces propriétaires avaient été, comme j'ai dit, des vassaux à qui les feudataires avaient abandonné des portions du territoire. Comme l'intérieur du pays était encore, en grande partie, couvert de forêts et infesté par la *malaria*, à cause des exhalaisons palustres, les concessionnaires choisirent de préférence les terrains des côtes qui étaient, en même temps, les plus fertiles ou, au moins, les plus facilement labourables. D'autre part, comme personne ne songeait à défricher d'autres terrains, pour faire face aux nécessités de la population croissante, il est arrivé que, les générations se succédant, la propriété, dans ces endroits, a été tellement divisée qu'elle a abouti à ce mode particulier de partage qui a été désigné sous le nom de *fléau parcellaire*. Ainsi, un propriétaire de 50 hectares les possède souvent en 25 ou 30 parcelles, éloignées les unes des autres : d'où impossibilité souvent d'affecter des capitaux à l'amélioration du sol, et impossibilité à la terre de les rendre en épargne. L'agriculture, en Sardaigne, se trouve, par conséquent, aux prises avec deux systèmes opposés, l'un consistant dans une grande propriété inculte et l'autre dans un morcellement exagéré de la terre.

Cette situation est encore aggravée par l'élévation de l'impôt foncier. L'impôt foncier qui, comme on sait, est appliqué en Italie par contingent, grève la Sardaigne dans la même proportion par tête d'habitant que la moyenne de l'Italie tout entière et les petits propriétaires misérables des côtes sardes paient à peu près dans la même mesure que les riches agriculteurs des opulentes plaines lombardes. Si aux impôts d'État on ajoute que les dépenses communales et provinciales sont, en grande partie, supportées en Sardaigne, comme du reste dans toute l'Italie, par les propriétaires fonciers (d'après les budgets de 1898, les entrées effectives des communes et provinces de la Sardaigne montaient à 11 171 194 lires, dont 4 605 074 lires étaient fournies par l'impôt foncier additionnel); si l'on songe que la presque totalité des autres entrées communales est donnée par les droits d'octroi sur les consommations populaires, on comprendra facilement pourquoi la généralité des petits propriétaires sont impuissants à supporter le fardeau des charges qui pèsent sur eux et renoncent même parfois à l'espoir d'y faire face dans l'avenir.

Et l'on comprendra, enfin, pourquoi une grande partie de la petite propriété foncière soit périodiquement soumise à des actes de vente forcée de la part du fisc. Les expropriations pour cause de non-solvabilité des petits propriétaires débiteurs d'arriérés d'impôts sont, en quelque sorte, un des traits particuliers de la vie agricole en Sardaigne. En 1900, le fisc a procédé à 3 887 ventes judiciaires pour manque de paiement des impôts, dont 856 pour des dettes au-dessous de 5 lires; 2 442 pour des dettes au-dessous de 50 lires; 589 seulement pour des dettes au-dessus de 50 lires. A la suite de ces ventes judiciaires, seuls 647 immeubles ou terrains ont trouvé des acheteurs; 3 240 biens-fonds, restés invendus, faute d'aspirants, sont passés à la propriété de l'État. Ces chiffres, absolument épouvantables, prouvent deux choses : 1° que les impôts grevant la propriété foncière en Sardaigne dépassent la mesure du pouvoir contributif de la population; 2° que cette population est tellement pauvre et, d'ailleurs, montre si peu de confiance dans l'avenir, qu'elle se résigne à abandonner à l'État des terrains et des bâtisses offerts à des prix dérisoires. Les ventes judiciaires, en Sardaigne, représentent une moyenne de 487 environ pour 100 000 habitants; dans l'Italie entière cette moyenne n'est que de 34, en Sicile de 69, en Basilicate de 51, en Calabre de 41, dans les Abruzzes de 76. L'État risque donc de redevenir peu à peu le propriétaire exclusif du territoire de la Sardaigne.

V

Nécessité d'un crédit agricole.

En effet, le phénomène le plus caractéristique de l'économie agricole du Midi de l'Italie, de la Sardaigne et de la Sicile, est, à mon avis, la tendance fatale à la disparition de la petite propriété foncière au profit des grandes étendues incultes ou imparfaitement cultivées. L'origine de ce phénomène regrettable réside dans le manque d'un crédit agricole convenablement organisé. Les opérations de crédit agricole sont confiées, dans le Midi, à des institutions puissantes, mais trop haut placées pour être en mesure de descendre jusqu'aux nécessités locales : les petits besoins leur échappent ou ne sauraient les intéresser. Ainsi les petits propriétaires sont obligés d'avoir recours ordinairement à des usuriers qui les écorchent et les acculent aux pires décisions. Et les grands propriétaires qui, grâce au vil prix d'achat de leurs terres, ne se sentent nullement poussés à en améliorer les conditions d'exploitation, ne reçoivent, d'autre part, aucun encouragement à le faire à cause du manque d'un crédit à bon marché et à longue échéance.

L'organisation d'un crédit agricole proprement dit, rayonnant ses bienfaits jusque dans les centres les plus petits, apporterait certainement le remède à une grande partie des maux dont souffre actuellement le Midi de l'Italie continentale et insulaire, et servirait à faire renaître dans les grands et les petits propriétaires le goût de la propriété, formant leurs esprits à l'idée de leurs devoirs sociaux. En outre, elle rendrait possible la constitution, dans les régions des *latifundia*, de sociétés coopératives entre paysans et arracherait, par conséquent, ces derniers des mains rapaces des fermiers spéculateurs dont l'utilité pour le propriétaire serait éliminée. L'organisation du crédit agraire contiendrait, par conséquent, le salut de l'Italie méridionale.

M. Maggiorino Ferraris, député, ancien ministre de l'agriculture, a dans ce but présenté un projet de réforme agraire qui a été pris en considération par la Chambre le 14 mars 1901, et dont le rapport a été déposé le 21 décembre 1901. Ce projet est inspiré surtout par la pensée d'étendre au Midi l'organisation des agriculteurs qui a donné de si brillants résultats dans le Nord de l'Italie. Il cherche, à la fois, à établir une représentation officielle de l'agriculture, en créant des institutions analogues aux Syndicats et Unions de Syndicats agricoles qui existent en France, et à organiser le Crédit agricole qui serait pratiqué par les associations agricoles ainsi constituées.

Tous les membres de ces associations devraient se recruter dans un corps d'électeurs agricoles à constituer. C'est là ce qui forme la base du projet : ces électeurs agricoles seraient les propriétaires et usufruitiers de biens ruraux, majeurs, payant depuis six mois au moins un impôt foncier de 10 francs par an, ainsi que les fermiers ou métayers de biens ruraux frappés d'un impôt foncier de 20 francs au moins, pourvu qu'ils le soient depuis un an et qu'ils aient à leur charge la moitié de cet impôt.

Les co-propriétaires de biens ruraux indivis payant un impôt supérieur à 20 francs seraient également électeurs. Les petits propriétaires pourraient s'associer et obtenir une voix par 10 francs d'impôt foncier. Au delà de 10 francs on aurait une voix par 50 francs d'impôt jusqu'à un maximum de 20 voix.

Les femmes seraient électeurs, mais non éligibles.

Les électeurs agricoles, s'ils sont au moins vingt, ou s'ils représentent au moins les deux dixièmes de l'impôt foncier du canton, pourraient fonder une Union agricole cantonale, cette Union étant un être moral et ayant le droit de plaider en justice, de créer des chaires ambulantes d'agriculture, de faire des actes de commerce, par exemple des achats et des ventes au profit de ses membres, et toutes opérations analogues à celles des Syndicats agricoles français. Sa gestion serait rattachée au bureau de poste local. Les membres des Unions cantonales pourraient créer des Unions régionales qui auraient, à leur tour, la faculté de constituer une Union nationale, le nombre des membres du conseil d'administration de ces groupements au deuxième et au troisième degré dépendant de la superficie embrassée par l'Union.

Chaque Union cantonale ouvrirait, en faveur de ses membres propriétaires de biens ruraux, un crédit qui serait proportionnel au montant de leur impôt foncier. Ce crédit, qui ne pourrait être réalisé qu'en nature, donnerait lieu à l'ouverture d'un compte courant sous forme de livret postal. Les prêts seraient généralement accordés pour une durée d'une année au plus, et, en cas de non-paiement à l'échéance, les poursuites et le recouvrement seraient exercés par le percepteur.

Afin de faciliter le développement de ce crédit agricole, la Caisse des dépôts et prêts, institution d'État, ferait à l'Union agricole nationale, à un taux assez faible, une avance de 10 millions une fois donnés, plus 30 millions chaque année pendant trois ans. Ces sommes seraient réparties aux Unions régionales en raison de la superficie de leur circonscription, puis par ces Unions régionales aux Unions cantonales, en raison du montant total de l'impôt foncier payé par les membres de chaque Union.

Le projet de M. Ferraris a certainement le mérite de populariser le crédit agricole; mais, à mon sens, il ne tient pas suffisamment compte des besoins réels de l'agriculture du Midi. Pour le Midi de l'Italie, il faudrait des mesures courageuses et généreuses tendant surtout à mettre en valeur les terres imparfaitement cultivées et à relever le sort des petits cultivateurs. Dans ce cas, des prêts à courte échéance ne sauraient atteindre le but désiré.

Les institutions imaginées par **M.** Ferraris constitueraient, néanmoins, un commencement salutaire et il faut souhaiter cordialement que la réforme agraire qu'il propose aboutisse bientôt.

CHAPITRE IV

Le mouvement social [1].

I

Le mouvement gréviste dans les villes.

Le progrès économique de l'Italie contemporaine a eu plusieurs causes : le développement naturel des initiatives y est certainement pour beaucoup, mais il faut aussi chercher l'explication de ce progrès dans la protection douanière et dans l'immigration, qui en fut la consé-

1. BIBLIOGRAPHIE. — *Annuario statistico italiano*, Rome, 1901. — Alessandro Schiavi, *Due anni di agitazioni proletarie*, Turin, 1902. — Ivanoe Bonomi, *L'agitazione proletaria nel Mantovano*, Milan, 1901.

quence, des capitaux étrangers qui coururent à la conquête, en Italie, d'un marché extrêmement favorable.

Une autre raison, non moins décisive, doit être recherchée dans le vil prix de la main-d'œuvre. L'ouvrier du Nord de l'Italie avait été jusqu'alors un paysan mal payé. Au moment où surgirent les premières usines, les paysans y accoururent en masse, comme il est arrivé partout, comme il est arrivé en Angleterre, comme il est arrivé en Allemagne et en France.

C'est ce qui fait que, dans les régions où les paysans montrent de prime abord cette sorte d'impatience de quitter les champs, la formation d'une véritable classe ouvrière, proprement dite, est extrêmement difficile. Quand les usines sont à la campagne, au beau milieu des terres que les ouvriers ont désertées, mais qu'ils affectionnent toujours, la main-d'œuvre est instable, et les ouvriers abandonnent souvent les usines pendant la période de la moisson ou de la naissance des vers à soie.

Quoique ce phénomène tende à disparaître,

il est tout de même possible de découvrir
encore le paysan sous la blouse de beaucoup
d'ouvriers italiens. Il est difficile entre autres
que des familles entières quittent les travaux
agricoles pour l'usine. Les parents, les enfants
plus jeunes restent souvent attachés à la ferme
ou au petit morceau de terre qui constitue la
richesse de la famille. L'ouvrier alors conserve
toujours les traces du caractère éminemment
conservateur du paysan italien; conservateur
autant qu'indépendant.

Il manifeste sa modération en se contentant
d'un salaire modeste; mais ce caractère de
modération se révèle surtout chez l'ouvrier italien par son grand pouvoir de résistance au
travail.

On sait que les grèves, en Italie, n'ont pas
été nombreuses jusqu'à la fin de 1900.

L'année 1901 a marqué une véritable nou-
veauté dans le mouvement ouvrier italien,
principalement grâce à la tolérance du ministère libéral de M. Zanardelli.

En tout cas les grèves en Italie n'éclatèrent
presque jamais à cause de la durée du travail;

quoique la durée du travail soit, en Italie, bien plus élevée en moyenne qu'en France.

En 1896, sur 210 grèves, 6 seulement éclatèrent à cause d'une demande de réduction de la durée du travail.

En 1897, sur 217 grèves, 16 ; en 1898, sur 216 grèves, 12 eurent la même origine.

Sur 2 127 grèves, survenues depuis 1876 jusqu'à la fin de 1898, 138 seulement furent motivées par une demande de réduction des heures de travail, c'est-à-dire environ 7 p. 100.

La cause principale des grèves a été la demande d'une augmentation dans les salaires, et les demandes ouvrières furent si raisonnables que 60 p. 100 des grèves se terminèrent par des résolutions qui, en totalité ou en partie, furent favorables aux travailleurs.

Sur les 2 127 grèves qui se produisirent depuis 1879 jusqu'à 1898, 1 258 finirent par l'accueil partiel ou complet des demandes ouvrières de la part des patrons.

Tout cela prouve, comme je viens de le dire, que la classe ouvrière en Italie est de caractère patient et tranquille.

Mais les besoins ont augmenté concurremment avec l'éducation. Les ouvriers des grandes villes ont, les premiers, donné l'éveil. Outre l'agglomération et le contact de la vie agitée des capitales, l'élément étranger, qui est toujours plus instruit, a contribué largement à déterminer ce changement graduel. Les Bourses du travail de Milan, de Turin, de Gênes sont très puissantes. Les idées socialistes y dominent : en effet, aux dernières élections politiques, les candidats socialistes obtinrent, dans ces trois villes, la majorité des suffrages.

La Bourse du travail de Gênes a même pu causer la chute du ministère conservateur de M. Saracco, vers la fin de l'année 1900.

M. Saracco avait fait dissoudre, sous un prétexte policier, la Bourse du travail de Gênes.

Quinze mille ouvriers de toutes catégories répondirent à l'*oukase* gouvernemental par une grève générale décidée avec une rapidité foudroyante, presque sans discussion.

Les ouvriers sommèrent le gouvernement de leur rendre *illico* et *immediato* les documents qu'il avait fait saisir et d'ordonner à ses fonctionnaires d'évacuer les locaux de la Bourse où ils s'étaient arbitrairement installés.

Le gouvernement dut céder; si bien que la Bourse du travail se rouvrit avec le même président et le même secrétaire; et les ouvriers, alors, soutenus par la sympathie des patrons eux-mêmes, reprirent paisiblement leur travail.

Ce fut l'affaire de quarante-huit heures. Le gouvernement, obligé de rendre compte de ses actes devant la Chambre, y fut littéralement balayé par le vote contraire des quatre cinquièmes des députés.

Au cours de 1900 et 1901, et notamment de cette dernière année, le prolétariat italien a poursuivi avec un acharnement inaccoutumé l'amélioration de ses conditions économiques. Choisissant au hasard parmi les nombreuses catégories de travailleurs, on constate que les garçons boulangers de plusieurs villes ont obtenu une augmentation de salaire de 12 à 15 centimes l'heure sur quinze heures de travail. En Lombardie les menuisiers ont obtenu une augmentation de 14 p. 100, les forgerons de

10 p. 100, les peintres en bâtiment de 15 p. 100, les maçons de 15 p. 100. En Toscane et dans l'Émilie, les maçons ont obtenu également une augmentation de 15 p. 100 ; en Piémont, les charretiers, de 11 p. 100 ; à Rome, les ouvriers de la literie de 10 p. 100 ; à Bari, les tonneliers, de 25 p. 100. Depuis 1879 jusqu'à 1890, le nombre des grèves a augmenté de 28 à 133 et le nombre des grévistes de 4 011 à 38 402 ; mais en 1890, à cause de la réaction crispinienne, les grèves descendent à 128 et les grévistes à 34 733 et la diminution s'accentue jusqu'en 1892, où l'on compte 117 grèves et 30 184 grévistes. En 1893 et 1894, deux nouvelles années de réaction furieuse, les grèves sont respectivement 127 et 104 et les grévistes 31 628 et 27 595. En 1895, les lois exceptionnelles votées sur l'initiative de Crispi font descendre encore les grévistes à 19 302 pour 126 grèves. Mais en 1896, lors de la chute de Crispi, les grèves remontent à 256 et les grévistes à 96 051. En 1897 et 1898, les grévistes diminuent encore jusqu'à 35 000, cela à cause des répressions sanglantes ordonnées par le ministère de M. di Rudini. En 1899, le mouve-

ment reprend et on compte 259 grèves avec 43 194 grévistes.

En 1900, les grèves sont 105 et en 1901, 377.

Le trait caractéristique des grèves de 1901, et en partie aussi de 1900, est le nombre élevé des grévistes. En effet, le nombre a été de 125 000 environ en 1901, chiffre qui n'avait jamais été atteint auparavant. Sur 377 grèves déclarées en 1901, 200 ont donné un résultat favorable aux travailleurs.

Le mouvement gréviste s'est manifesté surtout dans les industries où l'activité personnelle de l'ouvrier est un élément prépondérant dans la production; et les améliorations économiques que les ouvriers ont obtenues ont été possibles grâce à la disposition naturelle du travailleur italien, celui-ci étant, dans les ouvrages où se manifeste directement son initiative, tout particulièrement en mesure de faire valoir son habileté et sa productivité.

Dans la grande industrie ou, plus exactement, dans l'industrie où la machine joue un rôle prépondérant, le mouvement gréviste a été presque nul et la situation est encore la même qu'il y a trois ans.

Voici par exemple un aperçu de quelques salaires :

Dans l'industrie métallurgique. — Chiffres relevés au chantier naval des Fratelli Orlando, à Livourne :

	1889	1899
	Lires.	Lires.
Ouvrier emboutisseur............	4	4,25
— forgeron.................	3,50	4
— des chaudières...........	4	4
— fondeur	4,50	5
— travaillant aux ateliers de finissage	3,50	4
— portefaix	2,75	3

Cela par journée de travail de dix heures.

A Milan, à Turin, à Gênes, les salaires de l'industrie mécanique paraissent être restés toujours les mêmes pendant cette période.

Dans l'industrie de la soie. — Chiffres relevés à l'usine de MM. Keller, à Villanovetta, près de Cuneo, en Piémont :

	1898	1899
	Lires.	Lires.
Ouvrière fileuse habile...........	1,15	1,20
— — de 2º classe......	1,05	1,10
— retordeuse	1,20	1,30
— dévideuse	1,12	1,12

La journée de travail est, dans cette industrie, de douze heures.

Dans l'industrie de la laine. — Chiffres relevés à l'usine des Lanificio Rossi, à Schio, près de Vicenza, dans la Vénétie.

Dans cette industrie, pendant la même période de 1889 à 1899, les salaires ont subi une certaine diminution, à cause, paraît-il, de certaines réformes techniques qui, cependant, n'ont soulevé aucune protestation chez les ouvriers.

Mais, si la comparaison est faite entre 1871 et 1899, l'augmentation dans les salaires est sensible :

	1871	1899
Moyenne des hommes travaillant au tissage	2,60	4,50
— des femmes	1,40	1,50
— des hommes travaillant à la filature	3,50	4,50
— des femmes	1	1,30

La journée de travail est de dix heures.

Dans l'industrie du coton. — Chiffres relevés à l'usine de MM. Sciaccaluga, à Campomorone, près de Gênes :

	1871	1899
Moyenne des hommes travaillant au tissage	2,50	2,75
— des femmes	0,80	1,25
— des hommes travaillant à la filature	2,50	2,75
— des femmes	1	1,60

La journée de travail est de onze heures et demie.

Dans la province de Turin, les salaires sont à peu près les mêmes que dans la province de Gênes.

Dans les provinces de Milan et de Bergame, au contraire, en ce qui concerne la filature du coton, les salaires sont inférieurs. La moyenne des hommes travaillant à la filature est maintenant de 2 fr. 15 et celle des femmes de 1 fr. 30 et n'a augmenté que de quelques centimes depuis 1889. Au tissage, en Lombardie, il n'y a guère que des femmes, et leur salaire est sensiblement supérieur à celui des tisseuses liguriennes, soit 1 fr. 65 par jour contre 1 fr. 25, ce qui prouverait — et c'est, en effet, la vérité — que les tisseuses lombardes sont plus habiles : car dans l'industrie textile le travail à la tâche est pratiqué d'une façon presque exclusive.

Dans l'industrie du coton et de la laine, il faut cependant faire une distinction pour les enfants au-dessous de quinze ans, qui travaillent pendant une journée incomplète, comme la loi l'exige, et qui gagnent en moyenne de 75 centimes à 1 franc par jour. Leur salaire n'a subi nulle part d'augmentation.

Comme on voit, ces salaires ne sont guère élevés. Leur augmentation, notamment pendant ces dix dernières années, n'a pas été considérable.

De sorte que l'on peut dire que le développement de la grande industrie n'a pas été suivi par une amélioration proportionnelle de la situation des travailleurs. Cela arrive toujours fatalement dans les pays comme l'Italie, où le capitalisme, tout en s'étant développé considérablement, n'a pas encore absorbé entièrement l'immense réserve de travail mise à sa disposition. Les salaires que je viens d'indiquer ne représentent en moyenne que 2/3 des salaires des ouvriers français dans les industries correspondantes, et la moitié des salaires des ouvriers anglais.

Mais l'éducation industrielle des ouvriers italiens n'est pas encore faite. Jusqu'à présent, les ouvriers italiens ont considéré l'usine comme un endroit où le patron domine et doit dominer nécessairement. Aussi, se sont-ils systématiquement désintéressés des procédés techniques de la production industrielle et des lois qui régissent le coût de revient et la répartition des bénéfices. Or, l'ouvrier doit au contraire, en vue de l'avenir et pour s'éviter d'amères désillusions, apprendre à connaître peu à peu l'ensemble de l'industrie où il travaille. C'est à cette seule condition qu'il peut se prémunir contre la tentation de mouvements irréfléchis ou se défendre des empiétements du capital.

Outre la grève de Gênes en 1900, qui a eu une origine essentiellement politique, je rappellerai comme caractéristique le mouvement du personnel des chemins de fer qui a éclaté pendant les trois premiers mois de 1902 et, tout en n'ayant pas abouti à une grève générale, comme il y avait lieu de le craindre, a néanmoins donné des résultats avantageux pour les travailleurs. Le personnel des chemins de fer est, en Italie, admirablement organisé. Il offre même le seul exemple d'une organisation véritable; aucune défection ne s'est jamais produite dans son sein. Le mouvement a été marqué par deux événements, dont l'un avait déjà eu son précédent en 1898, la militarisation du personnel inscrit aux cadres de l'armée ; l'autre, qui a été une conquête indéniable sur la réaction, c'est-à-dire l'intervention directe du gouvernement, qui a en quelque sorte imposé aux compagnies, et sous sa propre garantie, l'accueil intégral des demandes ouvrières.

Le gouvernement a brillamment défendu devant la Chambre sa mesure concernant la militarisation. D'ailleurs, — l'action gouvernementale elle-même l'a prouvé, — cette mesure n'avait pour but que de réduire à la raison l'élément le plus turbulent. Une fois le calme revenu, c'est le gouvernement lui-même qui a négocié avec les représentants des deux parties en présence, et a arrangé le différend. Le résultat tangible de l'agitation a été : 1° l'établissement d'un plan organique du personnel, d'après lequel tout ouvrier a sa carrière assurée, et 2° une augmentation des salaires pour un montant global de 25 millions de lires par an, soit en moyenne 68 centimes d'augmentation par journée de travail et par ouvrier : cela, outre certain autres avantages d'ordre secondaire.

L'agitation ouvrière continue, modérée toujours et habilement dirigée partout par le parti socialiste. Les mouvements irraisonnés, convulsifs, d'autrefois cèdent peu à peu la place à l'examen éclairé de la situation économique et des chances de succès. Sous ce rapport, la conduite des Bourses du travail de Rome, de Milan, de Turin, de Gênes mérite des éloges sincères : car elles ont déjà constitué dans leur sein des commissions spéciales chargées d'étudier les demandes ouvrières et de les soumettre préalablement aux patrons avant que la grève soit déclarée.

La grève générale de Florence, qui a éclaté au commencement de septembre 1902, a fait, en quelque sorte, exception à cette règle de prudence adoptée par les ouvriers italiens. Mais elle a démontré, néanmoins, une fois de plus, la cohésion morale qui existe parmi les ouvriers des villes.

Voici les faits : les ouvriers de la fonderie

du Pignone, au nombre de 262, s'opposèrent au licenciement de 22 de leur camarades que la direction de l'usine voulait renvoyer à cause de la crise que l'industrie de la fonderie traversait en Toscane. Les ouvriers proposèrent, par contre, au directeur de l'usine, de réduire les heures de travail et, partant, les salaires effectifs, à la condition de garder tous les ouvriers. Le directeur maintint sa décision. Alors les ouvriers décidèrent la grève. Mais l'attitude de la fonderie du Pignone parut tellement arbitraire, que la Chambre du travail de Florence invita tous les travailleurs de la ville à se mettre en grève, en signe de solidarité. Le conseil fut suivi immédiatement par les ouvriers florentins, y compris les sapeurs-pompiers qui refusèrent de remplacer les allumeurs de gaz (Il faut remarquer qu'en Italie les sapeurs-pompiers sont de simples employés municipaux).

La grève ne dura que quatre jours, du 30 août au 4 septembre. Le 4 septembre, sur l'invitation des ouvriers eux-mêmes du Pignone, promoteurs de la grève générale, les autres ouvriers reprenaient le travail. Ainsi la grève était ramenée aux proportions qu'elle n'aurait, à vrai dire, pas dû dépasser au début. Cependant, je le répète, malgré l'absence de résultats pratiques, elle a fourni une preuve nouvelle des sentiments de solidarité qui animent désormais les travailleurs italiens.

Le mouvement coopératif ouvrier fait pendant, d'autre part, au mouvement syndical : en 1898 ont été fondées 205 coopératives ouvrières; en 1899, 197; en 1900, 240; en 1901, 374. Ces dernières peuvent être ainsi classifiées : 51 coopératives agraires; 21 coopératives de consommation alimentaire; 3 coopératives d'assurance mutuelle ; 299 coopératives de production de différentes espèces.

L'éducation politique et la conscience de classe — *das Standesbewusstsein* — comme disent les Allemands, tendent également à augmenter dans la classe ouvrière italienne et, pour s'en convaincre, il suffit de savoir que parmi les concessions plus directement visées par les derniers mouvements, il en est une qui témoigne du désir des ouvriers de participer à la vie publique : celle qui établit le chômage obligatoire le 1er mai et le jour des élections politiques et administratives.

II

L'organisation du prolétariat agricole.

L'organisation des ouvriers agricoles se fait également de plus en plus puissante. Le mouvement chez les ouvriers agricoles du Nord de l'Italie a commencé pendant la période de 1880 à 1890 et s'est étendu rapidement à toute la plaine padane, depuis le Montferrat, où il a débuté timidement, jusqu'aux provinces de Mantoue, Bologne, Ferrare.

La situation de ces travailleurs avait été, jusqu'à présent, particulièrement pénible. Aujourd'hui elle est en voie d'amélioration.

Dans la province de Mantoue l'effeuillage du blé dure depuis la fin du mois de mars jusqu'à la fin du mois d'avril. Les femmes et les enfants y sont tout spécialement affectés ; ils travaillent de six heures du matin jusqu'à six heures du soir, avec une heure d'interruption pour le déjeuner. Les enfants de sept à neuf ans gagnaient jusqu'à il y a quelques mois 40 centimes par jour; de neuf à douze ans, de 50 à 60 centimes; les femmes, de 60 à 70 centimes par jour.

Ils doivent, par conséquent, travailler environ onze heures par jour, souvent sous une pluie fine et pénétrante, nourris seulement par quelques morceaux de *polenta* froide, mouillée dans le ruisseau voisin.

Mais le travail des champs de blé est, en quelque sorte, un amusement, en comparaison avec celui des rizières, qui commence après l'effeuillage.

Quiconque irait à Mantoue, pourrait rencontrer facilement, à deux heures du matin, pendant les mois de mai et de juin, des brigades de femmes et d'enfants, qui marchent en chantant sur la route de San Giorgio. Ces femmes et ces enfants doivent faire environ 8 à 10 kilomètres pour arriver à l'heure voulue à la rizière. Ils travaillent jusqu'à midi, avec une heure d'interruption à huit heures, c'est-à-dire à peu près huit heures par jour. Les mollets dans l'eau, courbés vers le sol, sous la double action de la chaleur du soleil et des exhalaisons palustres, ils ne pourraient guère travailler davantage. En outre, comme ils ne pourraient pas demeurer à côté des rizières à cause de l'air irrespirable, ces pauvres travailleurs, fatigués, épuisés, le ventre vide, doivent reprendre à midi le chemin de la ville.

Les femmes gagnaient de 50 centimes à 1 franc par jour; les enfants, de 40 à 60 centimes. M. le docteur Guastalla, médecin à San Giorgio Mantavano, affirmait, dernièrement, que les enfants travaillant dans les rizières sont d'une constitution organique présque toujours défectueuse. Leur ventre est enflé, leur foie énorme, leur figure émaciée, leurs jambes frêles. Les parents négligent, autant qu'ils le peuvent, de les envoyer à l'école : car, autrement, ils ne pourraient rien en tirer, eux dont les salaires sont insuffisants à l'entretien de la famille. En tout cas, après l'âge de 6 à 7 ans, pas un enfant n'ira à l'école; tous travailleront à la rizière. Mais les constatations du docteur

Guastalla sont particulièrement douloureuses en ce qui concerne les femmes. Les jeunes filles sont presque toutes anémiques; les femmes mariées sont souvent impuissantes à fournir d'aliment leur nouveau-né.

La mortalité des enfants en bas âge est, dans certaines localités, vraiment épouvantable. Sur 96 décès qui se sont produits à San Giorgio en 1900, 57 étaient de petits enfants morts d'épuisement : soit 24 mort-nés ou morts aussitôt après leur naissance, 19 morts pendant la période de l'allaitement; les autres à des âges qui varient entre 14 mois et 5 ans.

Dans les grands domaines de la plaine padane le travail des femmes et des enfants est, comme j'ai dit, largement employé. Les hommes sont astreints aux travaux les plus durs et à ceux qui exigent des connaissances spéciales. Les hommes sont tantôt engagés à l'année, tantôt engagés, comme les femmes et les enfants, à la journée : les premiers sont appelés *obbligati*, obligés; les autres *giornalieri* ou *braccianti*, ou bien aussi *disobbligati*, par opposition aux précédents.

Le salaire des paysans engagés à l'année était d'environ 500 lires par an, payables moitié en nature ; le salaire des journaliers était de 1 lire 50 centimes en été et 1 lire en moyenne en hiver.

Ils conduisent la charrue, ils greffent les arbres, ils gouvernent le bétail, ils font les chargements et les déchargements des moissons.

La situation des journaliers, qui constituent la grande majorité des ouvriers agricoles, serait peut-être encore tolérable si ce travail durait toute l'année ; tandis qu'il dure six à sept mois sur douze, pas plus.

Les salaires effectifs, par conséquent, en sont réduits à la moitié, environ. Enfermés dans les villes, épuisés par la besogne accomplie, les paysans salariés ne savent généralement que faire.

Tel est le sort de l'ouvrier des grands domaines.

Je me souviens d'une journée de printemps passée à la campagne il y a quelques années.

C'était à la propriété d'un de mes camarades

d'université, grand propriétaire cultivateur lui-même, de la province de Mantoue. Ce jeune homme avait quitté l'école à la suite de la mort de son père et dirigeait alors les affaires de ses terres.

Il m'avait invité, avec un de nos amis qui était interne dans les hôpitaux de Milan. Notre hôte nous conduisit visiter des bâtisses de la ferme, qui était un modèle d'ordre et d'opulence.

Puis nous fîmes un tour à la campagne.

Le soleil rayonnait sur la plaine immense.

Les champs, savamment tenus, témoignaient de la fertilité de cette belle région d'Italie, où naquit Virgile, le poète des *Bucoliques* et des *Géorgiques*.

Le blé, très haut déjà, donnait à la plaine l'aspect d'une mer, dont les vagues paraissaient s'élever çà et là, verdoyantes, dans les sillons tracés par des rangs serrés de mûriers.

Des femmes et des enfants étaient occupés à découper les mauvaises feuilles du blé; des hommes accomplissaient d'autres travaux que je ne saurais préciser. Presque tous étaient pâles et maigres.

Sur notre passage ils saluaient respectueusement, se remettant ensuite machinalement à
leur besogne.

La promenade terminée, nous fîmes part à
notre hôte de la pénible impression que la vue
des paysans nous avait faite.

Le jeune homme se contenta de lever les
épaules.

« Que voulez-vous que j'y fasse? nous répon-
dit-il. Je ne peux cependant pas les entretenir
comme des princes.

— Pas comme des princes, mais seulement
comme des hommes », ripostâmes-nous.

Notre conversation sur ce sujet fut assez
longue; mais elle n'eut malheureusement pour
résultat que de refroidir une amitié que j'avais
toujours considérée comme précieuse.

Le jeune propriétaire nous affirmait que les
paysans doivent travailler; qu'ils sont nés pour
cela; tandis que lui, *né riche*, avait bien le
droit de vivre un peu mieux qu'eux.

Comme il fallait toujours se placer sur un
terrain pratique, nous n'osions pas, naturellement, contester son droit.

Nous nous bornions plutôt à contester qu'il y eût de l'avantage, de sa part, à laisser vivre dans la misère des hommes qui, réduits comme ils l'étaient à des conditions physiques absolument désastreuses, ne pouvaient pas fournir, à notre sens, un travail valable.

Notre interlocuteur ne se prêta pas à approfondir la question. *Il donnait, disait-il, à ses paysans, le salaire courant et n'avait pas à s'occuper de leur santé.*

Quant au travail qu'ils fournissaient, il n'avait pas à s'en plaindre.

L'état d'esprit de mon ancien camarade est, plus ou moins, l'état d'esprit de tous les grands propriétaires cultivateurs, ou fermiers spéculateurs des régions de l'Italie du Nord, où domine la culture intensive.

Cela fait que le parti socialiste est le seul, dans ces régions, et même ailleurs du reste, à gagner la confiance des masses, étant donné que les classes dirigeantes le laissent aussi être le seul à envisager les problèmes modernes dans toute leur importance et leur étendue.

Les populations agricoles des plaines padanes qui se révoltèrent violemment en 1884, viennent maintenant de se grouper en associations pacifiques ayant en vue d'obtenir des améliorations dans les conditions de leur travail.

Quoique ravagées par les maladies, elles ont eu la force, pendant les dix-sept ans qui s'écoulèrent depuis les émeutes de 1884, de supporter leur misère et de s'organiser.

Le dimanche 17 février 1901, à Mantoue, un congrès réunissait 116 associations, représentant 17 000 travailleurs de tout ordre appartenant à l'agriculture de la région.

Les demandes formulées dans ce congrès ont paru tellement raisonnables que beaucoup de petits propriétaires ont fait adhésion à la fédération nouvelle.

Celle-ci se propose d'élargir, peu à peu, son programme jusqu'à ce que les paysans conquièrent des avantages positifs et durables.

Car la caractéristique du mouvement qui a abouti à la fondation de la fédération susdite, a été le calme et la dignité.

Un journaliste de talent, qui a fait une

enquête sérieuse sur lieu, M. Adolfo Rossi, rencontra un jour un des chefs du mouvement et le questionna sur le caractère de l'agitation.

Le paysan lui répondit :

« Quand j'ai été arrêté en 1884, ni moi ni mes compagnons nous ne savions exactement pourquoi on se révoltait. C'était plutôt notre ventre que notre tête qui dirigeait nos actes.

« Maintenant, monsieur, c'est notre tête, car nous comprenons qu'il nous faut du calme et de la prudence.

— Est-ce que vraiment tous comprennent cela? demanda M. Rossi.

— Certainement : et s'il y avait des pêcheurs en eau trouble, nous-mêmes nous chargerions de les faire taire. »

Ces réponses témoignent de la conviction que les paysans mettent dans leurs revendications. Par une pareille constance et une pareille fierté le mouvement, si savamment organisé, aura certainement des résultats appréciables.

Désormais les embauchages se font entre propriétaires d'un côté et les agents de la fédération de l'autre.

Le parti socialiste, il faut le reconnaître, a en grande partie le mérite d'avoir su maintenir le mouvement dans les limites de la légalité. Les autorités elles-mêmes sont obligées d'admettre que la propagande socialiste coïncide avec le progrès de l'éducation des masses ouvrières et avec l'amélioration de leur moralité.

Les petits vols champêtres, les délits contre la propriété en général, les rixes ont presque disparu dans les localités où le parti socialiste exerce son influence. Le procureur du roi près le tribunal de Mantoue a dû le constater dans ses rapports annuels.

Jusqu'au congrès tenu à Bologne, en 1897, le parti socialiste s'était désintéressé du prolétariat agricole et c'est seulement depuis cette époque qu'il a commencé, d'abord timidement, dans le Montferrat, puis plus tardivement et avec plein succès dans toute la région des grands domaines, à réunir en ligues et associations les ouvriers des campagnes.

Le Mantouan présente les conditions les plus typiques; mais le mouvement s'est étendu à toute la plaine, englobant, comme nous avons vu, non seulement les simples paysans journaliers, ou engagés à l'année, mais aussi bon nombre de petits propriétaires.

M. Giolitti, ministre de l'intérieur, a reconnu le caractère pacifique du mouvement.

« Ce mouvement, dit-il dans la séance de la Chambre du 21 juin 1901, a été exclusivement économique. La preuve en est que les grèves ont toujours pris fin, dès que les ouvriers ont obtenu des concessions équitables, et il ne s'est pas produit de désordres. »

En fait, jusqu'au 17 juin, 511 grèves avaient éclaté dans la région, qui englobaient 600 000 ouvriers, et qui ont abouti à une augmentation de salaires représentant annuellement 48 millions.

Sachant que le ministère libéral Zanardelli considérait avec raison ne devoir intervenir dans les conflits entre le capital et le travail qu'en cas de violences, les socialistes ont eu soin d'écarter les agitateurs trop virulents et de ne parler aux ouvriers agricoles que de la satisfaction immédiate à accorder à leurs besoins les plus impérieux. Ils n'ont donc pas cherché à créer une agitation politique violente, mais à organiser des groupements puissants, *fort peu soucieux de l'avènement de la société future*, préoccupés uniquement d'obtenir une augmentation de salaires. Sortir de la légalité eût été faire avorter le mouvement, et provoquer peut-être par la suite de nouvelles mesures de répression, que le ministère Pelloux chercha en vain à faire adopter. Aussi tout s'est-il passé généralement en bon ordre.

Le mouvement a été troublé une seule fois, au pont de Berra, en province de Bologne, où un officier névropathe a commandé le feu contre les grévistes et a causé la mort de plusieurs personnes. Le congrès de Bologne réuni en novembre 1901, et qui en a été le couronnement, a été le premier congrès de ce genre qui se tînt en Italie.

Toute une classe de travailleurs qui avait été négligée, méprisée, jusqu'ici, manifeste une volonté à elle, des idées à elle. Qui aurait pu prévoir, il y a quelques années, que des paysans illettrés, ravagés par la pellagre, sauraient retrouver leur conscience d'hommes et de travailleurs sous l'écorce de la soumission passive et inconsciente?

On savait peut-être que les quelques centaines d'électeurs que l'on comptait dans la masse étaient prêtes, au moment voulu, à voter pour le patron, sous les ordres du curé.

Ainsi le travail des champs ne fut-il jamais pris en considération que dans ses rapports avec le propriétaire et les bénéfices que ce dernier devait réaliser. Tout à coup, la masse de ces travailleurs oubliés se remue et s'impose.

Le spectacle qu'elle a offert a été vraiment admirable.

Le congrès de Bologne a tenu deux séances, le 26 et le 27 novembre 1901, et 704 ligues de paysans, *leghe di miglioramento*, avec 144 178 adhérents, y ont été représentées.

On verra par le tableau ci-contre, exactement les ligues représentées et le nombre des adhérents respectifs.

On pourra aussi remarquer que l'organisation des paysans, déjà très avancée dans le

DÉPARTEMENTS	PROVINCES	LIGUES	ADHÉRENTS	
			Par ligue.	Total.
Piémont......	Alexandrie...	12	1 140	2 240
	Novare	4	1 100	
Vénétie......	Rovigo.......	47	12 289	23 830
	Padoue	4	1 450	
	Vérone	72	10 091	
Lombardie...	Mantoue.....	134	23 104	39 208
	Milan........	27	8 943	
	Pavie........	20	3 605	
	Crémone.....	3	2 156	
	Côme........	8	1 400	
Émilie.......	Parme.......	22	4 267	57 187
	Plaisance....	33	6 292	
	Reggio.......	26	4 897	
	Modène......	61	11 767	
	Bologne......	42	9 399	
	Ferrare......	80	20 565	
Romagne....	Ravenne.....	51	7 361	11 399
	Forli	29	4 038	
Marches	Ancône......	1	300	300
Toscane	Florence.....	4	486	1 386
	Pise.........	2	600	
	Lucques	1	200	
	Grosseto	1	100	
Ombrie......	Pérouse......	1	500	500
Abruzzes.....	Aquila.......	1	278	278
Latium.	Rome........	3	500	500
Pouilles......	Bari.........	4	900	6 000
	Foggia.......	4	5 100	
Calabre......	Reggio	1	100	100
Sicile........	Girgenti	4	1 000	1 250
	Palerme	1	150	
	Trapani	1	100	
Total...........		704		144 078

Nord, n'est guère qu'à ses débuts dans le Midi. Dans l'Italie méridionale le mouvement ouvrier a assumé, jusqu'à présent, le caractère d'une révolte. La Sicile seule fait en partie exception, où dans certaines localités les ouvriers agricoles, groupés avec les travailleurs des mines de soufre, ont constitué les *fasci*, dont la cohésion morale est très grande. A Monte San Giuliano, Pacecco, Marsala, Castellamare, dans plusieurs exploitations de la province de Trapani, les paysans se sont même mis en grève au mois de décembre 1901 et ont obtenu paisiblement des concessions avantageuses de la part des fermiers.

Ainsi le parti socialiste a su faire renaître partout, dans des villes et au milieu des champs, la conscience du prolétariat : et c'est grâce à lui que les travailleurs peuvent exercer de nos jours, en Italie, une influence considérable sur la vie politique du pays.

La loi sur l'émigration, la nouvelle loi sur le travail des femmes et des enfants, qui vise aussi tout particulièrement le travail des rizières, le projet de loi concernant les prud'hommes de l'industrie agricole, l'institution de l'*Office du travail* auprès du ministère du Commerce, sont également autant de conquêtes préparées et élaborées par la classe ouvrière sous la direction du parti socialiste.

CHAPITRE V

L'évolution politique [1].

———

I

La droite et la gauche.

La révolution italienne a été caractérisée par l'action, apparemment contradictoire, mais, en réalité, convergente de deux grands partis politiques, qu'on a appelés la droite et la gauche. Cependant que la gauche excitait le peuple à la révolte, la droite, tout en réprimant les mou-

1. BIBLIOGRAPHIE. — Oriani, *La lotta politica in Italia*, Turin, 1892. — Chiala, *Pagine di storia contemporanea*, Turin, 1892-93-98. — Le journal *la Tribuna*, Rome, 1902.

vements révolutionnaires à l'intérieur, se servait habilement de la révolte du peuple pour préparer son action gouvernementale et diplomatique. Cavour et Sella furent les deux grands chefs de la droite, dont l'activité s'est déployée en trois périodes distinctes : la période de la préparation diplomatique, de 1848 à 1861 ; la période de l'organisation administrative, de 1861 à 1870 ; la période de la décadence, de 1870 à 1876. Cavour domine la première ; Sella domine la deuxième ; dans l'autre les continuateurs des maîtres luttent en vain contre les aspirations réformatrices de la démocratie naissante. Cavour, devenu président du conseil le 2 novembre 1852, avait un plan bien arrêté : celui de faire de l'Italie un État indépendant avec le concours et l'encouragement des autres États alliés du Piémont contre l'Autriche. Ainsi amena-t-il le Piémont en Crimée en 1855, à côté de la France et de l'Angleterre, pour lui permettre de prendre rang au congrès de Paris en 1856, où la question de l'unité italienne fut posée par lui et discutée par les puissances européennes. Ainsi, prépara-t-il ensuite à Plom-

bières l'intervention de Napoléon III en 1857.
La proclamation de Victor-Emmanuel II, roi
d'Italie, faite à Turin le 14 mars 1861, acheva
l'œuvre de Cavour. Celle-ci avait dû s'arrêter
à Villafranca, mais avait permis néanmoins à
Garibaldi de continuer jusqu'à Naples la marche
triomphale qu'il avait commencée à Marsala,
en même temps que les troupes régulières du
roi de Sardaigne battaient l'armée pontificale
à Castelfidardo et s'emparaient d'Ancône. La
Vénétie et Rome n'ont été conquises plus tard,
que grâce à des fatalités historiques où l'initiative des hommes d'État italiens n'eut pas beaucoup à voir.

A partir de 1861, la droite s'adonna entièrement, jusqu'à la prise de Rome, à son travail
d'organisation administrative et financière.
Quintino Sella en a eu en grande partie le
mérite. L'œuvre savante de Sella put s'accomplir dans un calme relatif, car, à part la préoccupation de compléter l'unité politique du
pays, préoccupation qui avait cessé désormais
d'être troublante, les révolutionnaires d'autrefois, Garibaldi à la tête, Mazzini seul excepté,

avaient tous fait adhésion à la maison de Savoie. La forme extérieure de l'unité était donc hors de discussion.

Lorsque, le 20 septembre 1870, Rome devint enfin la capitale du nouveau royaume, les divergences ne portèrent plus que sur l'avenir; car le passé, après avoir été sanctionné par le succès, réunissait tous les cœurs dans un même élan d'amour pour la patrie. Aussi la gauche demeure-t-elle le parti d'opposition de Sa Majesté, et formulé-t-elle aussitôt un programme de réformes démocratiques et d'action franchement libérale. En vain Marco Minghetti, le chef du dernier ministère de la droite, évoqua-t-il devant le Parlement les services rendus, les résultats obtenus par la politique de son parti : les temps avaient changé profondément. Le passé révolutionnaire avait été consolidé par l'adhésion de tous les Italiens et n'avait plus besoin d'être défendu. La révolution elle-même paraissait appartenir à l'histoire ancienne et l'Italie visait beaucoup moins à bercer ses enthousiasmes d'hier qu'à préparer son histoire de demain. Dans le Parlement se forma spon-

tanément une coalition contraire à la droite,
et le ministère Minghetti fut renversé le
18 mars 1876.

La droite, qui avait su préparer la renaissance
politique, organiser le régime de l'unité, s'était
arrêtée au seuil de l'avenir, qu'elle était impuis-
sante à comprendre. Le ministère Minghetti
tomba en 1876, parce qu'il avait voulu défendre
l'équilibre du budget. Le ministère Depretis, le
premier de la gauche, lui succéda avec un programme qui voulait dire en substance : l'Italie
a beaucoup moins à se soucier de l'équilibre de
ses revenus budgétaires avec ses dépenses, que
de la nécessité d'encourager l'essor naturel des
initiatives. La gauche fut, par conséquent,
dépensière de sa nature. Elle construisit des
chemins de fer; elle distribua des subventions
aux compagnies de navigation; elle augmenta
le budget de l'instruction publique. Ce qui ne
l'empêcha pas, d'ailleurs, d'abolir l'impôt sur
la mouture et d'adoucir les méthodes en vigueur
de recouvrement des impôts directs.

Issue de l'idée de liberté, la gauche planta,
en outre, les premiers jalons des conquêtes

démocratiques, depuis le suffrage universel jusqu'à l'éligibilité du maire dans les communes ; depuis la laïcisation des institutions de bienfaisance jusqu'à l'abolition de l'enseignement religieux obligatoire. Elle marcha vite, plus vite que le pays lui-même ; si bien qu'elle a dû, à un moment donné, arrêter sa marche et permettre à celui-ci de reprendre haleine. En effet le budget de l'État qui réalisait en 1877 un excédent de 34 millions, et de 53 millions en 1881, commençait déjà à donner un *déficit* de 17 millions en 1882 et en donnait un de 254 millions en 1889. A cette époque, le pays manifestait des inquiétudes. On se demandait s'il n'était pas prudent de revenir aux anciens principes de prudence. Le parlement hésitait.

C'est grâce à ses hésitations que Crispi, alors premier ministre, put devenir et rester, pendant quatre ans, le maître incontesté de la situation. Le système des gouvernements personnels qui avait été inauguré par Depretis en 1885, lorsqu'il ourdit la concentration parlementaire, appelée en Italie *Trasformismo*, trouva en Crispi son apôtre idéal. Avec Crispi, qui, pourtant, avait toujours appartenu à la gauche, la politique de la droite fut remise fatalement en honneur et le ministère Crispi, qui dura jusqu'au 31 janvier 1891, fut un véritable ministère de réaction politique et financière. Le déficit du budget était ainsi réduit à 74,2 millions pendant l'exercice 1889-90, à 77,24 millions pendant l'exercice 1890-91. Cette réaction permit au marquis di Rudini de monter au pouvoir après la révolte de Crispi, qui se sentait trop jacobin pour tolérer plus longtemps d'être prisonnier de la droite, dont pourtant il avait, par ses méthodes de gouvernement, préparé le retour. Mais le ministère di Rudini passa sans laisser d'autre trace que la réduction graduelle du déficit à 43,07 millions pendant l'exercice 1891-92, à 18,77 millions pendant l'exercice 1892-93.

Cependant, l'Italie paraissait chanceler encore entre ses aspirations nouvelles et le désir de calme. La politique casanière de M. di Rudini, dont les vues ne dépassaient pas les bornes de l'équilibre matériel des dépenses avec les recettes, ne pouvait pas satisfaire l'opinion publique. La droite, par conséquent, tomba à nouveau.

M. Giolitti assuma la présidence du conseil des ministres avec le programme de la gauche démocratique. M. Zanardelli fut nommé, à cette époque, président de la chambre des députés. Malheureusement, la crise financière que traversait l'Europe en ce moment trouvait le ministre libéral dépourvu de moyens de résistance. Ce n'était pas, à vrai dire, le moment le plus favorable pour une politique toute faite d'idées nouvelles comme celle de M. Giolitti. M. Crispi revint, fit voter au Parlement de nouveaux impôts et noya dans le sang les émeutes du Midi. Le déficit, qui était monté à 99,03 millions pendant l'exercice 1893-94, descendit à 30,44 millions pendant l'exercice 1894-95, pour remonter cependant à 65,47 millions pendant l'exercice 1895-96 à la suite de la guerre d'Afrique. Il était fatal, en effet, que M. Crispi essayât lui-même de détruire son œuvre de reconstitution politique. Il était révolutionnaire dans l'âme, la politique lourde de la droite le révoltait ; et pourtant il devait toujours lui ouvrir le chemin. Le désastre d'Adoua le balaya du pouvoir. La réaction fut ainsi ramenée au gouvernement.

Les ministères de **MM.** di Rudini, Pelloux, Saracco, qui se succédèrent après la chute de **M.** Crispi, ne pouvaient pas saisir les transformations qui s'étaient, en attendant, opérées ; le pays, à travers tant d'épreuves, avait formé peu à peu son éducation politique : en voulant sévir contre le peuple et les associations ouvrières, ces ministres avouaient, comme jadis les anciens ministère de la droite, leur impuissance à pénétrer les secrets de l'avenir. Ils tombèrent tous l'un après l'autre, après avoir provoqué l'essor de ce mouvement du prolétariat qu'ils avaient précisément prétendu devoir réprimer. Désormais, la confiance renouvelée du peuple, sorti à nouveau du danger, demandait à être soutenue par les encouragements éclairés du gouvernement.

II

Le ministère Zanardelli.

Giuseppe Zanardelli, le représentant le plus pur de la gauche, fut appelé au pouvoir et son avènement marque une date essentielle dans l'histoire de la vie politique de l'Italie moderne. Le courant démocratique parvint heureusement jusqu'au nouveau roi et celui-ci comprit alors qu'il était de son devoir de le suivre. Aussi, l'appel fait par Victor-Emmanuel III à l'œuvre du parti qui venait précisément de lutter contre les tendances réactionnaires des derniers ministres d'Humbert Ier, fut-il, je le répète, un acte qui appartient à l'histoire.

Le ministère Zanardelli d'aujourd'hui n'est pas un ministère né du mouvement habile d'un chef de coterie parlementaire; au contraire, il est même monté au pouvoir sans une majorité bien définie, accueilli par la froideur et la méfiance même de la plupart des députés. C'est du pays et des nécessités actuelles qu'il relève plutôt que d'une préparation parlementaire. Le pays, des aspirations duquel le roi s'est fait l'interprète avisé, l'a imposé en quelque sorte au Parlement. Peu à peu, il a su grouper autour de lui les vieux libéraux de l'ancienne gauche et, soutenu loyalement par les socialistes parlementaires et les radicaux, il a déjà réussi à imprimer aux affaires publiques une direction tout à fait moderne et positive.

J'ai examiné précédemment les problèmes qui touchent à la vie économique de l'Italie. Nous avons vu que, dans la grande industrie, comme dans l'agriculture, la classe des travailleurs se trouve dans des conditions souvent pénibles, toujours inférieures à celles dont jouissent les travailleurs des autres pays. Cette infériorité est due, en partie, au fait que l'Italie est, pour ainsi dire, novice dans les luttes économiques. Mais elle est, en même temps, la conséquence d'une conception défectueuse, unilatérale du rôle de l'État. Jusqu'à présent, les hommes politiques italiens ont montré un sentiment d'adoration, une sorte de fétichisme pour ce qu'on appelle l'ordre intérieur d'un côté, et pour l'équilibre budgétaire de l'autre. L'arrivée de la gauche au pouvoir en 1876 a voulu changer cette direction. Malheureusement ses procédés ont été au début quelque peu tumultueux et ses premiers essais ont donné des résultats insuffisants. Peut-être était-il effectivement trop tôt pour un changement de ce genre, puisqu'une réaction en sens inverse s'est produite.

Maintenant les temps sont mûrs et le peuple italien entend secouer le joug des vieilles méthodes. Il suffit, pour s'en convaincre, de songer au mouvement gréviste des ouvriers agricoles des grandes exploitations du Nord qui a abouti au congrès de Bologne, et à la grève classique des métallurgistes de Gênes qui a provoqué la chute du ministère Saracco. De ces mouvements spontanés du prolétariat a jailli une situation nouvelle que les réactionnaires sont impuissants à comprendre. Les conservateurs subissent encore trop l'esclavage des anciennes formules pour être en mesure de saisir la portée véritable des revendications actuelles. Leur culte aveugle pour l'égoïsme, pour une liberté mécanique dépourvue de base morale où les plus forts, les plus aptes triompheraient nécessairement, les pousse à voir dans tout groupement ouvrier un ennemi, dans toute grève une émeute, dans toute demande d'augmentation de salaire une atteinte à la propriété. Aussi les grévistes étaient-ils toujours emprisonnés et poursuivis jusqu'à présent et les associations ouvrières systématiquement dissoutes. D'autre part, leur conception imparfaite des lois économiques amène les conservateurs à considérer l'équilibre des recettes avec les dépenses de l'État comme une nécessité suprême, indépendante même de la situation réelle du pays. De nos jours, au contraire, le jeu des lois économiques est autrement compris.

Le capital n'a plus à considérer le travail comme un ennemi, mais à le traiter de pair à pair, en bon associé. Entre ces deux facteurs inséparables de la production économique, il n'y a pas, par conséquent, d'antagonisme, mais harmonie véritable et constante ; si bien que, lorsque cette harmonie, cette entente indispensable a cessé d'exister, la vie économique elle-même en souffre. Et cette harmonie ne peut se réaliser qu'à la condition d'établir l'équilibre entre les deux forces actives du capital et du travail. Le capital, donc, n'a pas à s'opposer aux efforts du travail pour atteindre cet état d'équilibre, mais à les envisager, par contre, avec bienveillance et sympathie. Le capital doit comprendre, disait M. Waldeck-Rousseau dans un discours célèbre, qu'en demandant une rémunération plus juste, le travail lui donne des garanties précieuses pour l'avenir.

En outre, à côté de ces considérations d'ordre essentiellement économique, d'autres considérations d'ordre moral s'imposent de plus en plus. Les capitalistes ont le devoir de voir dans les travailleurs, non seulement des instruments capables de mettre en valeur leurs richesses, mais aussi, et en premier lieu, des hommes. Par conséquent, la conception étroite du droit des uns sur les autres doit être remplacée par l'idée de devoir, des devoirs réciproques de chacun envers tous.

M. Zanardelli est monté au pouvoir poussé par le courant irrésistible de ces nouvelles conceptions de la vie sociale. Il faut avouer qu'il a tenu autant qu'il l'a pu sa promesse, et qu'il a mis toute son activité et son grand talent au service de la démocratie. Son gouvernement est véritablement le premier, en Italie, depuis la fondation de l'unité, qui ait su envisager les problèmes actuels du pays dans toute leur étendue.

Gambetta disait en 1878 :

« Un gouvernement doit être avant tout un moteur de progrès, un organe de l'opinion publique, un protecteur de tous les droits légitimes et un initiateur de toutes les énergies qui constituent le génie national. » C'est ce que Albert Schæffle avait déjà exposé par la formule : *Ein richten, ein einrichten, ein ineinanderrichten, ein instituiren der menschlichen Gesellschaft.*

M. Zanardelli comprend de la même façon le rôle de l'État moderne. L'éducation, l'élévation morale et intellectuelle et l'amélioration matérielle des masses populaires, a-t-il dit récemment, constituent les garanties les plus précieuses du bien-être et de la liberté. Certes, l'État doit refréner les impatiences, mais plutôt que de les combattre avec l'acharnement aveugle des temps passés, il doit s'efforcer de les canaliser, de les rendre bienfaisantes. La conquête des idéaux de la démocratie est lente et difficile, car il est impossible de démolir l'œuvre laborieuse d'une histoire de siècles par les convulsions de l'histoire d'un seul jour. Une révolution se fait avec plus de facilité que l'on ne pense ordinairement, nous l'avons vu et nous pouvons le voir d'un jour à l'autre. Mais il s'agit beaucoup moins aujourd'hui de provoquer des mutations violentes que de modifier rationnellement les conditions existantes par la voie de la liberté et des enseignements de la morale sociale.

Peu à peu, et dans tous les Parlements, le groupement des partis s'effectuera précisément d'après les différences naturelles qui séparent les hommes du passé des hommes de l'avenir; les dogmes, de la réalité. On n'y entendra bientôt plus parler de gauche ou de droite. On y parlera surtout de faits et de choses. M. Zanardelli a saisi la portée de cette évolution nécessaire et a eu l'avantage d'être suivi par le roi. Dans le discours d'ouverture du Parlement, le 20 janvier 1902, Victor-Emmanuel III a affirmé sa confiance dans l'œuvre des représentants de la nation, toujours capable d'effectuer les progrès civils et politiques vers lesquels vise la société moderne. Ainsi le gouvernement a respecté rigoureusement non seulement la liberté d'association et de grève, mais aussi la liberté d'excitation à la grève; ce que l'aveuglement réactionnaire avait toujours considéré comme un délit auparavant, est reconnu être aujourd'hui, grâce à la politique éclairée de M. Zanardelli, un moyen légitime de défense des classes laborieuses.

Le discours prononcé par M. Giolitti à la Chambre dès députés dans la séance du 14 mars 1902 contient en entier le programme du cabinet en fait de politique intérieure. L'œuvre du gouvernement, a dit M. Giolitti, doit se manifester sous deux formes essentielles : celle de gardien de la liberté de chacune des deux parties en présence dans la lutte économique, et celle, le cas échéant, d'arbitre dans les conflits.

Le mouvement ouvrier en Italie est issu de nécesssités économiques impérieuses. Peu à peu, a dit M. Pantaleoni dans la séance de la Chambre du 18 juin 1901, les capitalistes, les propriétaires fonciers et les manufacturiers ont obtenu de l'État des droits protecteurs. Chacun a réussi à tirer de son propre côté les couvertures, pour me servir d'un vieux proverbe. Les droits de douane, les primes d'exportation, les faveurs multiformes accordées aux producteurs, ont naturellement eu leur répercussion sur le marché et les consommateurs en ont fait les frais. L'impôt a trouvé fatalement son incidence, dirait Léon Say. Les salaires, par conséquent, ont diminué dans la proportion même de l'augmentation des prix. Les dernières grèves, en Italie, n'ont eu d'autre but que celui de rétablir l'équilibre entre les prix des objets à acheter et la puissance d'achat des travailleurs. Le gouvernement, donc, en réprimant ces grèves, serait sorti de son rôle qui, comme l'a si bien dit M. Giolitti, est celui de gardien de la liberté.

III

Le parti socialiste.

L'opportunité pour les classes ouvrières de soutenir de toute leur force un gouvernement qui a, le premier en Italie, compris son rôle, a partagé au début le parti socialiste en deux camps adverses. La scission a été de tout point semblable à celle qui s'est produite en France et en Allemagne. M. Filippo Turati est le chef de la fraction gouvernementale des socialistes, M. Enrico Ferri est le chef de la fraction opposée.

Le fond de la divergence est connu. La question a été posée admirablement par Bernstein. Enthousiaste à ses débuts de la doctrine marxiste, dont il admirait le puissant organisme théorique, Bernstein a voulu, néanmoins, pousser plus loin que Marx lui-même ses investigations dans le domaine des faits. Le hasard l'a conduit en Angleterre où il a séjourné pendant un certain temps. Là, sur cette terre classique des conquêtes économiques, sur le champ même qui avait servi naguère aux observations du maître, il a cru s'apercevoir que Marx s'était trompé dans ses constatations, ou plutôt qu'il était arrivé à des solutions trop dogmatiques dans son désir invincible de conclure. Marx appartenait, en effet, à une génération trop imprégnée encore des divagations métaphysiques de Hegel et de Kant pour pouvoir s'affranchir de cette tendance intellectuelle.

Bernstein, par contre, s'efforce de regarder au fond des choses et de ses propres yeux et non pas à travers les lunettes coloriées d'une éducation systématique. Aussi a-t-il été forcé de constater que la réalité, loin d'appuyer les conclusions de Marx, s'en éloigne de plus en plus. Comment pourrait-on, dans ce cas, soutenir de bonne foi que le socialisme marxiste a force et caractère scientifiques, puisque ses fondements ne reposent pas sur des faits réels et tangibles? Marx prophétisait la centralisation du capital. Nulle prévision ne fut plus prétentieuse et hasardée. Au contraire, la fortune privée se fractionne incessamment, la terre se morcelle partout, et la grande industrie avec ses formidables machines et ses foules d'ouvriers sourit toujours — et non pas de mépris ni de pitié — au marteau et à l'enclume primitifs du petit atelier.

Alors Bernstein s'est avisé de consigner ses doutes et ses incertitudes dans deux brochures célèbres : *Hypothèses du socialisme* et *Un socialisme scientifique est-il possible?* qui lui ont valu les récriminations des intransigeants du parti. La conclusion pratique de ces brochures est l'utilité pour le parti socialiste, dans l'intérêt même des revendications des travailleurs, de procéder par étapes dans la conquête de l'idéal. Si, comme le prétendraient les doctrinaires, l'action des socialistes devait se borner aux seules préoccupations de principe, l'organisation des travailleurs ne serait plus alors seulement, comme on a dit, « la soupape de la colère populaire », mais elle tendrait à devenir un empêchement systématique de toute revendication pratique et de tout progrès effectif; car ce ne sera jamais aux mouvements irréfléchis que les ouvriers pourront demander la réalisation des revendications consenties par l'histoire.

Les socialistes intransigeants oublient trop facilement que le socialisme doit quitter les régions vagues de l'idéal s'il entend être et rester un parti d'action positive et rationnelle. Le but final du socialisme n'est rien, disait Bernstein; le mouvement est tout. Or, la démocratie a beaucoup moins à désirer la chute du système actue de l'organisation économique, beaucoup moins à envisager l'organisation future qu'à donner à l'organisation actuelle une direction de plus en plus démocratique.

M. Filippo Turati, l'organisateur du parti socialiste italien, le chef du groupe des socialistes parlementaires, a mené une campagne formidable contre la manie des grèves et des révoltes insensées, contre la coutume qu'ont certains orateurs de bercer les travailleurs dans de fallacieuses illusions, contre les conceptions, fausses, en somme, de l'idée révolutionnaire. Il a même trouvé un mot pour classifier les dangereux fantaisistes qui croiraient pouvoir détruire d'un coup de baguette la société actuelle et son puissant outillage défensif et offensif : « follaiuoli », c'est-à-dire bavards, charlatans, « foulars », pourrait-on dire en argot parisien, peut-être, — mais le mot est intraduisible.

Esprit éminemment combatif, mais aussi doué d'une clairvoyance et d'un sens pratique irréprochables, M. Turati, lui, l'ancien condamné des émeutes de Milan, a compris que l'Italie traverse, de nos jours, une période transitoire, au cours de laquelle tout doit être gardé avec jalousie de ce qui peut servir à acheminer les travailleurs vers la liberté et l'émancipation morale et économique. Aussi voudrait-il que les socialistes soutinssent de toute leur puissance morale au dehors, et de leurs votes dans le Parlement, le ministère libéral de M. Zanardelli, le premier de la nouvelle Italie qui ait compris que le droit des ouvriers à l'organisation et à la grève est au moins aussi sacré que le droit des entrepreneurs au « trust » ou au « lock-out ».

Son appel à l'union a été, heureusement, entendu une première fois, dans une occasion solennelle et le parti socialiste, dans la séance du 15 mars 1902, a voté à l'unanimité en faveur du ministère Zanardelli, dont la politique libérale a remporté une victoire décisive. L'ordre du jour en faveur du gouvernement a été voté par 250 voix contre 158.

Mais les effets bienfaisants de la direction imprimée au mouvement ouvrier par M. Zurati, se sont fait sentir, d'une façon encore plus éloquente, au congrès d'Imola, qui a tenu ses assises les 6, 7 et 8 septembre 1902. Dans ce congrès, on a voté par 456 voix contre 279, l'ordre du jour du camarade Bonomi, par lequel le parti socialiste italien a décidé de suivre une politique de réforme et de rejeter toute propagande turbulente. A la suite de cette délibération, M. Galimberti, ministre des Postes et Télégraphes, a prononcé à Alba un discours dans lequel il a fait l'éloge du mouvement socialiste.

« Il me semble, a dit M. Galimberti, que les socialistes créent en ce moment une conscience politique dans nos masses qui, par suite d'un servage séculaire, n'en possédaient point. Je suis complètement d'accord avec ceux qui reconnaissent, dans l'organisation ouvrière, l'instrument le plus merveilleux qui soit pour nous révéler les maux existants et pour éclairer le législateur. Si le puissant capital s'organise par les Chambres de commerce, les Comices agraires, les Syndicats d'industries, il est bien plus juste que le faible travail se fortifie par sa constitution en associations que l'État doit non seulement respecter, mais encore interroger et prudemment suivre dans l'équitable intérêt des classes travailleuses, de même qu'il interroge et suit judicieusement les représentations corporatives des capitalistes. »

Ces déclarations faites par un ministre, au lendemain du congrès d'Imola, sont d'autant plus significatives qu'elles constituent une sorte de brevet de reconnaissance gouvernementale, accordé au socialisme par un représentant du pouvoir.

IV

La question romaine.

Dans la politique étrangère, l'Italie contemporaine paraît également avoir enfin trouvé le bon chemin à suivre. Quelques lignes d'histoire, à ce sujet, ne me paraissent pas déplacées.

Au commencement du mois d'avril 1877, l'agitation cléricale, autrement dite ultramontaine, était en France très vive. L'évêque de Nevers avait présenté au maréchal Mac-Mahon et aux membres du Parlement, une pétition tendant à inviter les pouvoirs publics à « employer tous les moyens dont ils disposent pour faire respecter l'indépendance du Saint-Père ». M. Jules Simon était, à cette époque, président du conseil des ministres. Dans la séance de la Chambre des députés du 4 mai, il exprima au nom du gouvernement toute la surprise que lui avait causée la pétition de l'évêque de Nevers. Répondant à une interpellation de M. Leblond, M. Jules Simon affirma que la loi du 13 mai 1871, dite des garanties, votée par le parlement italien, était suffisante à assurer la pleine liberté du Souverain Pontife. D'autre part, ajouta-t-il en réponse à une énergique sommation de Gambetta, « comme je ne pourrai jamais supporter, tant que j'aurai entre les mains une parcelle du pouvoir, que qui que ce soit se mette au-dessus de la loi, je m'engage à rappeler à leurs devoirs ceux qui se servent abusivement du nom de la religion pour prononcer des paroles ou propager des écrits de nature à troubler la sécurité du pays et empêcher la continuation des relations d'amitié que nous avons avec le royaume d'Italie. »

La Chambre des députés vota ensuite, par 346 voix contre 114, l'ordre du jour suivant :

« La Chambre, considérant que les manifestations ultramontaines, dont la recrudescence pourrait compromettre la sécurité intérieure et extérieure du pays, constituent une violation flagrante des lois de l'État, invite le gouvernement, pour réprimer cette agitation anti-patriotique, à user des moyens légaux dont il dispose ».

Il n'en fallait pas plus pour décider le maréchal Mac-Mahon à renvoyer le cabinet républicain. Le 16 mai 1877, le maréchal président rappelait aux affaires le duc de Broglie. Le ministère du 16 mai, quoique le duc de Cazes en fît toujours partie comme ministre des affaires étrangères, montra une sympathie particulière pour les mouvements ultramontains. C'est ce qui faisait dire à Gambetta dans la séance de la Chambre du 16 juin :

« Un cri a traversé la France, un cri que vous entendrez bientôt, un cri qui viendra, qui sera la libération, qui sera le châtiment, le cri de : « C'est le gouvernement des prêtres : c'est le ministère des curés », et, comme on l'accusait de dénoncer son pays à la haine de l'étranger, le grand orateur s'écria : « Je comprends que lorsqu'on parle de sauver Rome, lorsqu'on appartient au parti qui organise les pèlerinages à Rome, qui organise les processions où l'on chante : Sauvons Rome et la France au nom du Sacré Cœur ! qui parle tous les jours de la captivité du pape et des droits temporels du Saint-Siège, je comprends que lorsqu'on appartient à ce parti et qu'on sent que le pays va juger cette politique et cette agitation cléricale, on préfère le silence à la discussion. »

Dans la séance du 18 juin le ministre Decazes rassura la Chambre sur les intentions bienveillantes du gouvernement à l'égard de l'Italie. Il exhiba même la preuve des explications satisfaisantes que les deux gouvernements avaient échangées, mais l'impression profonde produite par le discours de Gambetta amena les députés à voter, le 19 juin, un ordre du jour de blâme pour le gouvernement. Ce fut le vote célèbre des 363. Le 25 juin 1877, le maréchal Mac-Mahon dissolvait la Chambre et convoquait les comices électoraux. On connaît le reste. L'échauffourée du 16 mai aboutit aux élections du 14 octobre : la chute du ministère Broglie le 19 novembre 1877, et la démission de Mac-Mahon le 30 janvier 1879 en furent les conséquences inévitables.

Que pensait-on en Italie de ces événements?

M. Decazes, en affirmant que les explications du gouvernement français avaient satisfait l'Italie, disait vrai. Le ministre italien des affaires étrangères. M. Melegari, dans la séance de la Chambre du 23 mai, avait de son côté manifesté la plus sincère confiance dans la loyauté du gouvernement français, confiance dont il réitéra l'expression par une lettre qu'il adressa ensuite au marquis de Noailles, ambassadeur de France à Rome. Cependant, dans la même séance, M. Depretis, président du conseil, avait cru utile de faire comprendre au Parlement que le gouvernement italien avait tout de même relevé l'importance de l'agitation cléricale en France, favorisée par le gouvernement du 16 mai. M. Depretis avait insisté sur ce point qu'il avait beaucoup plus de confiance dans le peuple français que dans son gouvernement de cette époque. « Les ministères passent, avait-il ajouté, mais les nations restent et restent avec elles les liens d'amitié dus aux intérêts permanents, à la communauté de sentiments et de traditions historiques. »

Sages paroles, en effet, qui eussent pu permettre à l'Italie de compter toujours sur l'amitié du peuple français. Malheureusement, le doute

était désormais semé dans l'esprit des Italiens.
L'Italie venait d'accomplir son unité politique
et elle était jalouse de l'indépendance conquise
au prix de tant d'efforts et de tant d'affreuses
anxiétés. Et comme elle ne se sentait pas
encore sûre d'elle-même, elle avait le droit de
redouter de nouveaux malheurs, un recul peut-
être sur la voie parcourue. Elle se sentait par
conséquent poussée à persister dans la même
ligne de politique défensive, dans le même système d'alliances occasionnelles qu'elle avait dû
suivre pendant la période de la révolution. La
politique étrangère du Piémont avait toujours
tendu à profiter des moindres circonstances
favorables afin d'atteindre le but suprême de
l'unité italiennne. La Cernaia, Plombières,
l'alliance avec la Prusse en 1866, Rome, furent
en réalité autant de jalons plantés, pour ainsi
dire, sur le terrain d'autrui, autant d'étapes
glorieuses, en même temps, de la diplomatie
italienne, toujours aux aguets.

Maintenant on demandait à défendre les conquêtes effectuées. En outre, la guerre turco-
russe, déclarée, comme on sait, le 24 avril

1877, causait au gouvernement italien des préoccupations graves au sujet des intérêts italiens dans la presqu'île balkanique. C'est ainsi qu'un décret royal en date du 12 août, promulgué le 25 août 1877, prescrivit le prélèvement de 16 millions sur les sommes votées pour la construction des fortifications alpines, afin de les destiner à la construction de fortifications autour de Rome. De plus, le gouvernement décida, en principe, de faire des démarches auprès de l'Allemagne pour obtenir éventuellement son appui dans le cas où se produirait une tentative d'agression de la part de la France.

M. Crispi était alors président de la Chambre des députés. Il proposa à M. Depretis de se rendre auprès des cabinets anglais et allemand afin de préparer un terrain favorable à l'Italie. M. Deprétis accepta à la condition que M. Crispi rendît visite aussi au cabinet de Paris et de Vienne, avec lesquels le gouvernement italien entretenait toujours des relations en apparence cordiales, quoique empreintes d'une intime défiance. M. Crispi partit de Rome le 28 août 1877 pour se rendre à Turin — où il eut un colloque avec le roi — puis à Londres par la voie de Paris, et c'est de son voyage que date la nouvelle orientation politique de l'Italie.

V

Les affaires balkaniques.

Il faut remarquer cependant que, en ce qui concerne les affaires balkaniques, le résultat du voyage de M. Crispi fut absolument négatif. Malgré ses objurgations, l'équilibre de l'Adriatique, comme on est convenu d'appeler l'ensemble des questions politiques qui s'agitent sur les côtes de cette mer, fut troublé. Tout le monde sait qu'il existe une question de l'équilibre de la Méditerranée, si l'on peut ainsi dire. Mais il est possible que certains ignorent qu'il existe aussi une question de l'équilibre de l'Adriatique. Cette dernière intéresse exclusivement l'Italie d'un côté et l'Autriche-Hongrie de l'autre. Le Monténégro et la Turquie y sont aussi intéressés à vrai dire, mais le premier de ces États vient en dernier lieu; quant à la Turquie, c'est précisément à ses frais que toutes ces questions s'agitent. L'Italie est toujours aux aguets, vis-à-vis de l'Autriche-Hongrie dont on connaît les tendances expansionnistes vers le Midi, depuis la Bosnie et l'Herzégovine, qu'elle occupa en 1878, jusqu'à l'Albanie et, au sud-est, à la Macédoine.

Au moment même du voyage de M. Crispi, la guerre entre la Russie et la Turquie battait son plein et l'épopée de Plewna approchait. Tout le monde se demandait en Europe ce qu'il allait advenir de l'empire ottoman que le colosse moscovite, aidé par l'armée roumaine, réduisait rapidement à l'impuissance. L'Autriche-Hongrie avait tout préparé à son avantage. Elle aurait laissé liberté complète d'action à la Russie, à la condition que sa part de proie lui fût assurée, c'est-à-dire l'occupation de la Bosnie et de l'Herzégovine. Le 18 janvier 1877, c'est-à-dire trois mois avant la déclaration de la guerre, un accord en ce sens avait été signé à Vienne entre l'Autriche et la Russie.

L'Italie n'en savait encore rien. C'est dans ces conditions que M. Crispi se mit en route. A

Londres, à Berlin, à Vienne, il fut accueilli avec beaucoup d'égards, mais en même temps éconduit de la façon la plus nette. Un détail amusant à relever dans l'entrevue de M. Crispi avec Bismarck, à Gastein. Après avoir déclaré à M. Crispi que l'Italie aurait dû ne pas s'occuper plus longtemps de la question de la Bosnie, *qui n'était pas encore posée*, affirmait Bismarck — le chancelier de fer était déjà d'accord à ce sujet avec les chancelleries russe et austro-hongroise, — le prince de Bismarck dit à brûle-pourpoint à Crispi :

« Vous devriez plutôt songer, vous autres, à l'Albanie. »

C'était un comble, et M. Crispi s'empressa de battre en retraite.

Du reste, M. Crispi était lui-même, par son tempérament personnel et par la nature de son intelligence bruyante, inquiète, l'homme le moins apte à accomplir des démarches de ce genre. M. Ruggero Bonghi l'a bien constaté un an après dans son remarquable ouvrage sur la question d'Orient — *La crisi d'Oriente e il congresso di Berlino* — qui est, aujourd'hui encore,

le travail le plus documenté en la matière;
M. Bonghi a bien remarqué que « l'inexpérience
diplomatique de M. Crispi et sa manie d'apparaître l'auraient facilement poussé malgré lui à
attribuer à sa mission une importance extérieure
et à lui donner un éclat qui auraient certainement fini par nuire à la cause ».

Ainsi l'occupation militaire de la part de
l'Autriche, de la Bosnie et de l'Herzégovine fut
délibérée sans opposition par le congrès de
Berlin en sa séance du 28 juin 1878. L'Italie,
pour sa part, n'eut qu'à en accuser l'inhabileté
de ses ministres et la vanité excessive de ses
ambassadeurs extraordinaires.

« Vous devriez plutôt songer à l'Albanie,
vous autres, » disait donc le prince de Bismarck à M. Crispi. La boutade du chancelier
allemand ne fut pas prise au sérieux par l'en-
voyé extraordinaire du gouvernement italien,
et pour cause. L'Italie, qui aurait voulu empêcher l'occupation, même temporaire, de la
Bosnie et de l'Herzégovine par l'Autriche, ne
pouvait évidemment pas, de son côté, aspirer
ouvertement à l'annexion d'une contrée limi-

trophe, ce qui aurait terriblement compliqué les choses. Les compensations que demandait M. Crispi visaient d'autres territoires : le Tyrol italien, sinon Trieste. M. Crispi se déboutonna à cet égard avec M. de Bismarck. C'était sa façon de comprendre la diplomatie. Bismarck, au contraire, se plaisait à faire parler les autres, mais il cachait soigneusement sa pensée. Crispi rappela donc à son interlocuteur certains propos attribués à l'empereur François-Joseph, lors de son entrevue à Venise en 1875 avec le roi Victor-Emmanuel. Ces propos valaient bien des promesses peut-être, mais ils avaient le malheur d'avoir été tenus à la veille des agissements austro-hongrois en Bosnie et en Herzégovine. Quant aux Balkans, déclarait Crispi, l'Italie, loin d'avoir des vues expansionnistes sur eux, préférerait voir s'y constituer des États indépendants suivant le principe des nationalités.

Il fallait ne pas connaître du tout et les idées de Bismarck et la géographie elle-même de l'Autriche-Hongrie pour raconter de pareilles histoires au chancelier de fer. On sait, en effet, en quel compte Bismarck a toujours tenu les idéologues du principe de nationalité et le principe de nationalité lui-même.

Revenons à la question de Rome. A cet égard Bismarck d'un côté, et le gouvernement autrichien de l'autre donnèrent à M. Crispi, en 1877, des assurances complètes. Jamais ils n'auraient songé à contester le droit de l'Italie sur sa capitale historique. Cependant l'Italie, de son côté, aurait dû s'engager à faire adhésion aux combinaisons politiques qui auraient prochainement relié, l'un à l'autre, les deux empires du centre. Bismarck avait déjà son plan. L'Italie devait tomber aveuglément et fatalement dans les pièges que lui tendait le chancelier de fer. Elle commença par souscrire en guise de témoin-garant au protocole austro-hongrois du 7 octobre 1879 : cela malgré les déboires du traité de Berlin, l'occupation militaire de la Bosnie et de l'Herzégovine, et surtout malgré la nouvelle présidence libérale de M. Grévy.

VI

La triple alliance.

Le 26 octobre 1881, le gouvernement italien annonçait officiellement le voyage du roi Humbert à Vienne. En vain le comte de Robilant, ambassadeur italien à Vienne, en avait fait ressortir l'inopportunité. Mancini, le ministre des affaires étrangères, ne voulut rien entendre. Le voyage du roi eut lieu. Mais la triple alliance, quoique habilement préparée, voulue par le prince de Bismarck, ne fut pas encore conclue à cette époque. M. Mancini, ministre des affaires étrangères, qui avait pourtant poussé le roi à se rendre à Vienne, hésitait encore, avant de s'engager définitivement dans cette voie. Il écrivait cependant à M. de Launay, ambassadeur italien à Vienne, que le gouvernement avait mis à l'étude la question. M. de Launay, qui connaissait les incertitudes de caractère du ministre, et qui, d'autre part, était un partisan convaincu de l'alliance, écrivait à un ami au commencement du mois de novembre 1881 :

« A Rome, il y a manque d'énergie sur toute la ligne. J'ai dit à Mancini que s'il dépendait de moi, je signerais non pas demain, mais aujourd'hui même, à Vienne et à Berlin, des engagements précis dans le sens d'une ligue définitive. Mancini craint maintenant que la France n'y voie une provocation à son endroit. »

Malheureusement, Bismarck, je le répète, avait son plan. Pour décider l'Italie à l'accepter sans discussion, il donna l'ordre à ses organes d'entamer une campagne contre l'Italie. Il élaborait à cette époque une entente avec le Vatican avec lequel la Prusse, depuis les lois de mai 1872, appelées *Kulturkampf*, avait rompu tout rapport diplomatique. Le chancelier avait en effet besoin de l'appui des cléricaux du centre du Reichstag pour faire aboutir sa lutte contre le libre-échange. Les journaux quotidiens, *Post*, *Norddeutsche allgemeine Zeitung* et la revue hebdomadaire *Preussische Jahrbücher*, ouvrirent immédiatement le feu contre le gouvernement italien *spoliateur du pape*. Ainsi l'Italie, qui avait auparavant redouté une intervention de la France au sujet de la question romaine, se voyait menacée du côté de l'Allemagne. Évidemment il s'agissait d'une manœuvre. Mais en Italie on n'était pas dans un état d'âme suffisant pour s'en apercevoir.

D'ailleurs, il faut reconnaître que l'occupation française de Tunis, effectuée en 1881, avait exercé sur les Italiens une impression extrêmement pénible.

C'était le 13 mai 1881. M. Jules Ferry venait d'annoncer à la Chambre que le traité de paix entre la régence de Tunis et la France avait été signé au Bardo, de sorte que la France, suivant l'expression même de M. Ferry, « atteignait pleinement le but qu'elle s'était proposé par l'expédition de Tunis ». A Rome, on s'affolait. Le ministère Cairoli démissionna, n'osant même pas se représenter à la Chambre après le tour, disait-on, qu'il s'était laissé jouer par la France. Au même moment, un malentendu provoquait à Marseille des manifestations contre la colonie italienne.

C'est pour ainsi dire au milieu de tous ces feux de file que l'œuvre de Bismarck faisait rapidement son chemin. On a affirmé que l'occupation de la Tunisie de la part de la France avait décidé l'Italie à signer la triple alliance. Ce n'est pas exact. M. Clémenceau, dans la séance de la Chambre des députés du 23 mai 1881, avait bien dit :

« Le traité du Bardo a modifié radicalement la situation diplomatique de la France, et peut-être l'ordre diplomatique de l'Europe. Par suite de la conclusion de ce traité, des amitiés cimentées sur le champ de bataille se sont refroidies et des défiances absolument injusti-fiées, mais indéniables, se sont manifestées. » Cependant les défiances de l'Italie qui, disait-on alors, avait été trompée par la France, étaient effectivement injustifiées; on l'a vu, depuis, du reste. Elles se manifestèrent néanmoins de la manière la plus résolue; la presse publiait partout en Italie des articles violents contre la France. Mais peu à peu le calme revint et les ressentiments politiques cédèrent bientôt la place à des préoccupations plus urgentes et plus pratiques. A cette même époque, en effet, avait été mis à l'étude, à Paris aussi bien qu'à Rome, le nouveau traité de commerce entre la

France et l'Italie, promulgué le 15 mai de l'année suivante.

C'est la campagne organisée sur l'ordre de Bismarck par les journaux officieux allemands contre l'Italie, à propos de la question romaine, qui rendit inévitable la conclusion de la triplice. Le 12 avril 1882, le comte Kalnoky, chancelier autrichien, remettait à l'ambassadeur d'Italie le projet d'un traité entre l'Autriche-Hongrie, l'Allemagne et l'Italie ; le 20 mai, le traité était signé à Vienne. « Que Dieu bénisse cette œuvre de paix ! » avait dit le prince Henri VII de Reuss, ambassadeur allemand à Vienne, au moment même de la signature du traité. Et le prince de Bismarck pouvait annoncer au Reichstag le 12 juin 1882 que l'Allemagne était « unie par des liens solides, en dehors de l'empire allemand, avec les grandes monarchies qui défendent les intérêts et veulent comme eux la stabilité et la paix ».

Voilà comment naquit la triple alliance, base de la politique extérieure de l'Italie depuis vingt ans. La triple alliance est-elle véritablement une œuvre de paix ? Les alliés l'ont toujours affirmé. La paix en réalité n'a jamais été troublée en Europe depuis vingt ans ; mais il serait excessif d'en attribuer le mérite à la triple alliance. Au contraire, son caractère ténébreux, l'esprit de réaction militariste qui domine dans les deux empires du centre de l'Europe et qui paraît en être la conséquence, ont failli à plusieurs reprises susciter des difficultés internationales. La triple alliance, comme on sait, a été renouvelée toujours sur les mêmes bases, paraît-il, en 1887 et 1891. Lors du renouvellement de 1891, renouvellement effectué avec précipitation par le marquis di Rudini, monté au pouvoir après la chute de Crispi, le 31 janvier 1891, les soupçons de la France au sujet de la triplice parurent augmenter.

On pouvait lire entre autres les lignes suivantes dans la *Revue des Deux Mondes* :

« La position faite à la France par le renouvellement récent de la triple alliance reste en vérité ce qu'elle était. Elle n'a rien de nouveau ni d'imprévu. La France y est depuis longtemps accoutumée ; elle aurait été bien aveugle, bien incurablement frivole, si elle s'était fait la moindre illusion, si elle ne s'était pas toujours attendue à l'acte de diplomatie qui vient de s'accomplir. C'est tout simplement la continuation du système de suspicion et de haute police diplomatique organisé contre elle. Après avoir fait tout ce qu'on a pu pour l'isoler, on s'efforce de prolonger son isolement, en resserrant les alliances, en cherchant partout des adhérents ou des complices.

« On n'a pas besoin de recourir sans cesse à des euphémismes pour déguiser une réalité qui est assez criante. On peut être tranquille, la France ne s'y méprend pas ; elle sait à quoi s'en tenir et puisqu'on s'étudie si bien à l'isoler, elle accepte, sans forfanterie et sans faiblesse, un isolement qui a sans doute ses dangers, mais qui a aussi ses avantages, qui lui crée dans tous les cas l'obligation de rester prête à sa propre défense, de garder la disponibilité de ses forces, de surveiller ses finances, d'être en un mot prête à tout événement. C'est la politique des autres qui lui dicte la seule politique qu'elle puisse suivre, la politique de réserve et d'observation. Elle n'a pas même à affecter d'opposer ses combinaisons à des combinaisons, à chercher à son tour ses alliés qu'elle peut après tout trouver sans rien sacrifier de son indépendance et de sa dignité : les alliances naissent d'elles-mêmes au moment voulu et elles sont d'autant plus puissantes quand elles se fondent sur la communauté des intérêts, quand elles jaillissent, pour ainsi dire, des circonstances. Jusque-là la France n'a qu'à attendre. »

Cet article, signé du nom de M. de Mazade, porte la date du 14 juillet 1891. Quelques jours plus tard, le 23 juillet, l'escadre française jetait l'ancre dans le port de Cronstadt et, le 25, le tsar Alexandre III la passait en revue aux accents de la *Marseillaise* et de l'hymne russe. Le 26 août 1897, à bord du *Pothuau* mouillant dans les eaux russes, le tsar Nicolas II le premier, le président Félix Faure ensuite, portaient successivement, pour la première fois, la santé des deux peuples et des deux États, le russe et le français, amis et alliés. L'alliance franco-russe était ainsi opposée à la triple alliance et l'Europe avait retrouvé son équilibre diplomatique.

Que la triple alliance eût en vue d'organiser une sorte de surveillance sur la France, comme le disait **M.** de Mazade, je ne le crois point. Les raisons historiques de ce pacte sont plus saisissables et il faut les chercher : 1° dans le désir réciproque de l'Allemagne et de l'Autriche de se garantir mutuellement l'intégrité territoriale issue de la guerre de 1866 et consacrée par la proclamation de l'empire allemand en 1870 : cela à titre d'assurance pour l'empire austro-hongrois contre les agitations pangermanistes et pour l'empire allemand contre toute tentative étrangère de destruction du statu quo actuel ; 2° dans le besoin que l'Italie ressentait d'éliminer les dangers résultant d'une éventuelle recrudescence de la question romaine.

Telles, sans nul doute, furent les bases de la combinaison de 1882. Plus tard, ces bases furent certainement élargies. La question de l'équilibre de la Méditerranée, la question balkanique entrèrent successivement dans les conditions du traité renouvelé en 1887 et en 1891. Mais, à mon avis, il ne peut être question de la France dans la Triplice, au moins en ce qui concerne l'Italie. La seule clause ayant pour ainsi dire des rapports avec la politique française est celle qui a trait à la Méditerranée. L'Italie est allée demander à Berlin et à Vienne des garanties contre une expansion de la France sur le littoral méditerranéen de l'Afrique. Elle les a eues, dit-on, comme d'ailleurs elle les a eues directement de Paris tout récemment.

VII

L'entente franco-italienne. — Les traités de commerce.

Aujourd'hui, l'Italie a trouvé qu'il est beaucoup plus simple, en ce qui concerne la Méditerranée, de demander des garanties au débiteur lui-même au lieu de s'adresser à des répondants étrangers. De là l'entente franco-italienne, consacrée dernièrement par les déclarations des ministres des affaires étrangères des deux pays.

Au sujet de la presqu'île balkanique, les

garanties offertes à l'Italie ont certainement été plus vagues. Depuis 1882, l'Italie fut obligée, bon gré mal gré, de fermer les yeux sur les agissements de l'Autriche dans la presqu'île balkanique, et ce n'est que depuis un an environ qu'elle a commencé à s'apercevoir des déplacements, quelque peu suspects, de troupes autrichiennes en vieille Serbie et aux confins de l'Albanie. Autrefois, en effet, les Balkans ne présentaient qu'un intérêt relatif pour l'Italie et elle pouvait, quoique à contre-cœur, les livrer à son alliée. « Deux dangers menacent l'Italie, disait le général Nicola Marselli en 1882, dans un remarquable ouvrage intitulé : *La politica dello Stato italiano*; le premier est celui qui résulterait de l'établissement de la France sur toute la côte septentrionale d'Afrique; l'autre est celui qui résulterait de l'agrandissement de l'empire d'Autriche-Hongrie du côté des Balkans vers Constantinople. Comme l'Italie n'est pas en mesure de les éviter tous les deux, il faut qu'elle fasse un choix. Lequel est, des deux dangers, le plus grave pour l'avenir du pays? A mon avis, ajoutait le général Marselli, le danger à éviter est celui qui pourrait faire de la France la maîtresse de la Méditerranée. Aussi résignons-nous à voir l'Autriche étendre son influence dans les Balkans, à la condition que nous puissions éviter le reste. »

Mais les choses changent et les hommes aussi. Les Italiens gardent au fond du cœur un sentiment de profonde jalousie envers l'Autriche qui domine sur toute la côte orientale de l'Adriatique, habitée, en grande partie, par des peuples d'origine et de langue italiennes. Des agents italiens, disséminés en Dalmatie et en Albanie, y ont engagé depuis longtemps une lutte acharnée contre l'influence autrichienne. Des députés ardents ne craignent pas de proclamer à Rome, dans le Parlement, la nécessité de l'autonomie albanaise, et dénoncent quotidiennement les agissements de l'Autriche comme étant dirigés contre l'Italie elle-même. De son côté, l'Autriche, dont la politique dans les Balkans a reçu un véritable coup de grâce par le brusque changement survenu en 1900 dans l'orientation de la Serbie, actuellement vouée aux intérêts russes, cherche des compensations chez les petits peuples ou fractions de peuples qui avoisinent ses domaines de l'Adriatique. La rivalité entre l'Italie et l'Autriche devient dans ces régions inévitable. Le mariage du roi actuel de l'Italie avec une princesse du Monténégro a contribué, pour une large part, à accroître les méfiances réciproques. D'ailleurs l'Italie ne se soucie nullement maintenant de ménager son alliée. Ne se souvient-on pas encore, à Vienne, de certain discours prononcé par le prince héritier du Monténégro, lors du jubilé militaire du voïvode Pamenaz, ministre de la guerre de la principauté, discours dans lequel le fils du prince Nikita a présenté l'Italie comme la protectrice naturelle des diverses aspirations nationales sur le littoral de l'Adriatique? Il existe, par conséquent, une tension assez vive, de ce côté, dans les rapports entre l'Autriche-Hongrie et l'Italie. Et j'ajouterai même, pour me résumer, que cette tension et l'entente franco-italienne au sujet de la Méditerranée sont de nature à secouer profondément les bases de la triple alliance.

Car, de nos jours, la question romaine a indubitablement perdu toute son ancienne importance. Il faut chercher dans les élucubrations quelque peu ridicules de certains journaux allemands ou autrichiens des allusions à la valeur toujours durable de garanties fournies à l'Italie à ce sujet. Qui pense désormais au pouvoir temporel du pape? Et comme la triple alliance paraît ne plus posséder aujourd'hui les bases politiques d'autrefois, on se sent forcé fatalement, en Italie, de lui donner autant que possible un caractère exclusivement économique. La conclusion de traités de commerce entre l'Italie et les deux empires du centre de l'Europe fut, d'ailleurs, une condition essentielle du renouvellement de 1891. Lorsque la question du renouvellement ultérieur de la triplice avait été posée en 1901, à la Chambre italienne, M. Prinetti, ministre des affaires étrangères, prononça un discours qui avait beaucoup contribué à mettre les choses sur le terrain de la réalité. Dans ce discours, M. Prinetti précisait les conditions de la participation de l'Italie à la triplice et sa principale préoccupation avait été celle de faire disparaître tout ce qui, dans le contrat qui unit les trois puissances, avait une apparence d'hostilité envers la France. « Jadis, a-t-il dit, de regrettables tendances individuelles avaient dénaturé la triple alliance. »

Il y a donc, aujourd'hui, quelque chose de changé. D'ailleurs, les résultats politiques que la triplice se proposait n'étaient pas, de l'aveu même de M. Prinetti au moins en 1901, si avantageux à atteindre que l'Italie pût leur sacrifier quoi que ce soit. M. Prinetti se refusait à admettre que des rapports d'ordre politique pussent subsister entre deux nations indépendamment des rapports d'ordre commercial. Le renouvellement de la triple alliance aurait dû donc être subordonné au renouvellement des traités de commerce dont l'échéance arrive en 1903.

VIII

L'avenir.

Mais, contrairement aux prévisions qu'on aurait pu formuler d'après les déclarations du ministre Prinetti, le renouvellement de la triple alliance a été consenti par l'Italie, indépendamment de toute entente préliminaire au point de vue commercial. Le nouveau traité a été signé à Berlin par les représentants des trois puissances au commencement du mois de juillet 1902.

Vers la fin du mois de mars 1902, M. Prinetti s'était rencontré à Venise avec le chancelier allemand, comte de Bülow; et c'est indubitablement cette entrevue entre les deux ministres qui a provoqué le changement d'avis de M. Prinetti. Dans le discours qu'il a prononcé à la Chambre italienne le 24 mai 1902, celui-ci a déclaré que la nécessité de sauvegarder certains intérêts politiques, poussait à nouveau l'Italie à s'allier aux deux empires du centre de l'Europe.

« On nous a conseillé, a dit le ministre, une politique d'isolement. Le moment ne paraît guère des mieux choisis, alors que la tendance générale en Europe est de se grouper ou de cimenter davantage les anciens groupes.

« Bien d'autres intérêts, d'une importance capitale pour l'Italie, ont trouvé et trouvent encore dans la triple alliance une garantie dont le prix va de plus en plus croissant ; grâce à la triple alliance, l'Italie peut compter que, même en dehors de l'alliance elle-même, aucune combinaison ne pourrait se réaliser à son insu et à son détriment dans les Balkans, et, si jamais, contre sa volonté et malgré son œuvre de conservation, le *statu quo* devait être troublé dans la Méditerranée, l'Italie serait également assurée de ne trouver personne lui barrant le chemin vers ses légitimes aspirations.

« La triple alliance est un pacte éminemment pacifique. Elle continuera à être, comme elle l'a été jusqu'ici, un puissant élément d'équilibre et de paix. »

Au sujet des rapports avec la France, le langage de M. Prinetti a été de tout point rassurant.

« On a supposé, ajouta le ministre, que le renouvellement de la triple alliance pourrait nuire aux bonnes relations heureusement rétablies avec la France. Le comte de Bülow, le comte Goluchowski et moi-même, dans une occasion précédente, nous avons affirmé déjà que la triple alliance, par son caractère et son but éminemment pacifiques, est loin d'empêcher chacune des parties contractantes de se prêter à des accords avec des tierces puissances. La triple alliance ne contient rien d'agressif contre la France, ni rien qui menace sa tranquillité et sa sécurité, et elle ne saurait, par conséquent, en aucune façon, être un obstacle au maintien et au développement de nos relations cordiales avec la sœur latine.

« On a prétendu, enfin, que des conventions ou protocoles additionnels ajoutés au traité, modifieraient l'esprit politique de la triple alliance et auraient même un caractère odieux pour la France. *Je tiens à déclarer formellement aujourd'hui que de pareils protocoles ou conventions n'existent pas.* »

D'autre part, les affirmations du ministre

italien ont été confirmées par les déclarations de M. Delcassé à la tribune française. Voici ce que le ministre français des Affaires étrangères a dit à la Chambre, dans la séance du 3 juillet 1902, en réponse à une question de M. Chastenet :

« Nul ne sera surpris d'apprendre que, lorsque fut annoncé, à la tribune de plusieurs parlements, le renouvellement prochain de la triple alliance, nous nous soyons préoccupés de la mesure dans laquelle cet acte diplomatique pourrait s'accorder avec les rapports d'intérêt et d'amitié si opportunément renoués entre la France et l'Italie. Notre préoccupation très naturelle n'a pas été de longue durée, le gouvernement du roi d'Italie ayant pris soin d'éclairer et de préciser la situation. Les déclarations qui nous ont été faites, nous ont permis d'acquérir la certitude que la politique de l'Italie, par suite de ses alliances, n'est dirigée ni directement, ni indirectement contre la France; qu'elle ne saurait comporter, en aucun cas, une menace pour nous, pas plus sous une forme diplomatique que par des protocoles militaires internationaux et que, sous aucune forme, l'Italie ne peut devenir ni l'instrument, ni l'auxiliaire d'une agression contre notre pays. »

Ainsi, la triple alliance n'aurait été renouvelée, en substance, que dans le but de maintenir un équilibre platonique entre les puissances européennes. Le récent voyage du roi Victor-Emmanuel à Saint-Pétersbourg, effectué quelques jours à peine après la signature du traité à Berlin, en serait une nouvelle preuve.

Comme l'alliance franco-russe fut, pour ainsi dire, une réponse à la triple alliance, le renouvellement de la triple alliance serait, par conséquent, une contre-réponse à l'alliance franco-russe. C'est tout un système de fictions politiques où se plaît particulièrement la diplomatie. La politique européenne aujourd'hui est faite précisément de petits et grands antagonismes, exclusivement basée sur des artifices stériles. Lorsqu'un homme politique ose, par exemple, appeler les choses par leur nom, dire que ce qui est blanc est blanc et ce qui est noir est noir; mettre, si l'on préfère, les points sur les I, on l'accuse immédiatement d'ignorance, de manque de tact, d'outrecuidance même. Mais toutes les époques ont leurs faiblesses. La nôtre possède celle de l'hypocrisie. On s'arme pour faire la paix. On élabore des combinaisons politiques dans la méfiance réciproque. On recule indéfiniment la solution de questions qu'il serait facile d'arranger le jour même où elles se produisent.

Heureusement, les couches profondes du peuple se remuent incessamment et secoueront un jour ce nouvel esclavage comme elles en ont secoué bien d'autres. Les barrières qui séparent les peuples sont destinées à disparaître. Déjà l'ouvrier, le savant, les ont franchies et chez eux les conceptions étroites de l'idée de patrie ont cédé la place aux idées universelles des grands intérêts économiques et des conquêtes lumineuses de la Science. Mais puisque, sur la voie glorieuse de la fraternité entre les hommes et de l'intimité entre les peuples, toute étape marque un progrès, je pense que la direction imprimée à la politique italienne par le ministère de M. Zanardelli est digne de l'encouragement de tous les Italiens. Elle signifie liberté, démocratie à l'intérieur, paix à l'extérieur. Une tolérance éclairée à l'intérieur a remplacé l'étroitesse réactionnaire d'autrefois, comme la sincérité et la cordialité dans les rapports avec l'étranger, et surtout avec la France, ont remplacé les vaines subtilités diplomatiques où s'épuisaient certains ministres italiens. La politique coloniale de l'Italie nous paraît aussi rentrée dans la sagesse. L'avenir colonial de l'Italie est certainement très grand, car ce pays possède en large mesure le plus puissant parmi les facteurs de la colonisation, les hommes. Mais grâce précisément à cette précieuse ressource, l'Italie est en mesure, plus que tout autre peuple, de comparer la valeur effective des paisibles conquêtes de ses travailleurs avec les résultats négatifs de certaines folles entreprises.

CHAPITRE VI

Brigands et brigandage en Italie [1].

———

I

Le brigandage dans le passé.

Dans le VIIIe livre de l'*Énéide*, Virgile raconte le débarquement d'Énée sur les bords du Tibre, en face de la citadelle que, plus tard, la puissance romaine devait amener à une telle grandeur : alors ce n'était que l'humble royaume d'Évandre. Ce jour-là, le roi arcadien offrait

1. BIBLIOGRAPHIE. — Marc Monnier, *Histoire du brigandage*, Paris, 1882. — Pasquale Villari, *Lettere meridionali*, Turin, 1885. — Henri Beyle, *OEuvres*, Paris, 1886. — *Brigandaggio e società secrete nelle Puglie*, Florence, 1899. — Pasquale Turiello, *Governo e governati*, Bologne, 1882. — Élisée Reclus, *Géographie universelle*, Paris, 1884.

dans un bois sacré, près de la ville, un sacrifice solennel à Hercule, l'illustre fils de Jupiter et d'Alcmène; avec lui, son fils Pallas, ses principaux guerriers et le modeste Sénat de la nation, brûlaient l'encens et faisaient fumer sur les autels le sang tiède des victimes. Le roi Évandre reçut fort bien les nouveaux venus et fit placer les Troyens sur des sièges de gazon, après avoir invité leur chef Énée à monter sur un trône d'érable, que couvrait la peau velue d'un lion.

Le repas terminé, le roi Évandre parla ainsi : « Cette solennité sainte, ce banquet annuel, cet autel élevé à une divinité si grande ne nous ont point été imposés par une superstition vaine, ni par une ignorance sacrilège des anciens dieux. Apprenez, hôte troyen, continua-t-il, en s'adressant à Énée, apprenez que, sauvés d'un grand danger, nous honorons, dans notre reconnaissance, un dieu libérateur. Regardez cette roche suspendue à ce mont escarpé, ces masses jetées çà et là, cette demeure solitaire de la montagne, ces immenses débris de rochers. Là était une caverne enfoncée au loin dans les

flancs du roc inaccessible aux rayons du soleil;
Cacus, un monstre demi-homme, l'habitait. »

> Hic spelunca fuit, vasto submota recessu,
> Semi hominis Caci facies quam dira tenebat,
> Soliis inadcessam radiis...

Qui était Cacus?

Cacus était un redoutable bandit de l'Aventin
et l'histoire de ses exploits est l'histoire du brigandage dans le Latium avant la fondation de
Rome. Le brigand Cacus habitait donc les sombres hauteurs de l'Aventin, qui dominaient la
plaine et les vertes forêts reflétées par les eaux
tranquilles du Tibre. Il logeait naturellement
dans un antre, et ce dernier fumait sans cesse
d'un carnage nouveau; attachées à ses portes,
des têtes pendaient, effroyables trophées, pâles
et dégouttantes de sang. Le bon Évandre ne
savait plus comment soustraire ses troupeaux
à la rapacité insatiable du brigand. Heureusement, raconte-t-il à Énée, un Dieu vint à son
aide, Hercule. Le brigand ayant volé quatre
beaux taureaux et quatre belles génisses, appartenant à Hercule, c'est-à-dire volés auparavant

par le dieu lui-même à Geryon, roi d'Espagne,
Hercule, qui, en fait de vol, n'admettait pas la
concurrence, entra dans une colère terrible et
jura de se venger.

« Trois fois, dit Virgile, bouillant de rage,
il parcourt tout l'Aventin ; trois fois il tente
en vain d'aborder l'antre du voleur, qu'un
rocher obstruait ; trois fois fatigué, il vient s'as-
seoir dans la vallée. »

C'est, à vrai dire, et Hercule s'en consolerait
peut-être, s'il pouvait le savoir, ce qui est
arrivé plus tard à plus d'un hercule romain,
pauvre mortel celui-là, sous les traits et l'accou-
trement d'un carabinier, cherchant dans la montagne un des modernes confrères de Cacus. A
la fin, malgré les efforts de Cacus qui avait
recouru à tous les subterfuges pour échapper à
la vengeance du dieu, dont le bras était certainement fort, mais l'esprit un peu épais, Hercule put saisir le brigand et, dans une formidable étreinte, l'étouffer dans ses bras. Cacus,
comme on sait, paie très cher maintenant ses
méfaits : au moins aux dires de Dante qui l'a
vu dans le bouge des voleurs, le corps couvert

de serpents, traînant un dragon ailé, dont la gueule vomit sans cesse du feu.

> Sopra le spalle, dietro dalla coppa,
> Con l'ali aperte gli giaceva un draco,
> E quello affuoca qualunque s'intoppa.

Cacus a eu des successeurs nombreux en Italie, quoique moins entourés que lui des splendeurs de la mythologie. L'histoire de la fondation de Rome, par exemple, ressemble beaucoup à une histoire de brigandage. Romulus tuant Rémus, puis organisant le rapt des Sabines, a toutes les allures d'un chef de bande. Plus tard, lorsque Rome, après avoir absorbé tout le territoire avoisinant de l'Étrurie à la Grande Grèce, regorgea des dépouilles de ceux qu'elle avait combattus ; quand elle constitua dans son sein une classe privilégiée de riches engraissés par la conquête et possédant des multitudes d'esclaves contraints au travail par le fouet et le bâton, les bandits eurent, à leur tour, leur règne. Et lorsque l'esclavage se généralisa en Italie, le brigandage fit partout son apparition. Aussitôt qu'ils le pouvaient, les esclaves se sauvaient sur les montagnes où, réunis par bandes, sous la conduite des plus audacieux d'entre eux, ils préparaient et ourdissaient leur vengeance contre les maîtres, dont ils brûlaient les fermes, ravageaient les champs, égorgeaient les troupeaux.

Spartacus fut le prototype des organisateurs de bandes armées d'esclaves fugitifs. Spartacus n'était pas un aventurier vulgaire; il était un guerrier audacieux, qui avait brisé ses entraves et reconquis son indépendance avec l'idée de s'en servir autrement qu'à détrousser les voyageurs. Malheureusement ceux qui le suivaient ne partageaient pas ses sentiments élevés. C'est ainsi que la figure historique de Spartacus, se détachant du milieu criminel où elle a vécu, sert à nous apprendre qu'il est utile, indispensable même de faire des distinctions au sujet des brigands et du brigandage. L'histoire nous enseigne qu'il faut être extrêmement prudents avant de prononcer des condamnations; peut-être est-il même préférable de s'abstenir, tout à fait, de condamner; nous devrions commencer par renier beaucoup de choses qui nous sont chères, par renier non seulement nos préjugés, mais aussi nos propriétés, nos principes, notre culture, notre physionomie sociale en somme, si nous voulions nous montrer trop sévères à l'égard du passé. Au demeurant, les faits historiques et sociaux doivent toujours être considérés dans le milieu où ils se sont produits.

Au moyen âge, comme à toutes les époques troublées de l'histoire, le brigandage devient une institution. Après l'invasion des barbares qui en fut le produit classique, nous ne voyons pas seulement les esclaves révoltés contre leurs maîtres, les serfs révoltés contre leurs seigneurs, les paysans réduits à la misère par la famine ou la grève, les soudards licenciés après la fin des hostilités, qui se réunissent en bandes pour vivre de rapine et de pillage ; mais nous voyons les barons et les seigneurs eux-mêmes, qui, à la tête de leurs hommes, descendent de leurs châteaux pour dévaliser les marchands passant dans la plaine. Que nous promenions nos regards sur l'Allemagne, sur la France, sur l'Angleterre, sur l'Italie, le spectacle est partout le même avec cette seule différence, caractéristique et essentielle, en ce qui a trait à cette dernière, que, tandis qu'ailleurs les voleurs et les pillards, soit nobles, soit plébéiens, sont tous également du pays, en Italie les brigands nobles et les brigands plébéiens forment deux classes distinctes, dont l'une — celle des nobles — appartient un peu à toutes les nationalités de l'Europe, l'autre — celle des plébéiens — appartient en entier à la population.

De là, la couleur politique que le brigandage a toujours conservée en Italie depuis l'époque héroïque de Spartacus jusqu'à la formation de l'unité italienne. « Vers le milieu du XVIᵉ siècle, dit Stendhal, dans un de ses plus pénétrants essais sur l'Italie, les habitants des États du pape se souvenaient encore des Républiques italiennes, des mœurs qu'elles avaient établies et de l'usage où chacun était de défendre ses droits par tous les moyens. Les mécontents se réfugièrent dans les bois. Pour vivre il fallait voler ; ils occupèrent donc toute la ligne de montagnes qui s'étend d'Ancône à Terracine. Ils se glorifiaient de combattre le gouvernement méprisé qui pesait sur les citoyens. Ils regardaient leur métier comme le plus honorable de tous, et, ce qu'il y a de singulier et de bien caractéristique, c'est que ce peuple rempli de finesse et d'élan, qu'ils rançonnaient, applaudissait à leur valeur. Le jeune paysan qui se faisait brigand était bien plus estimé des jeunes filles que celui qui se vendait au pape pour se faire soldat. Leur vie aventureuse plaisait à l'imagination italienne. » On ne saurait mieux retracer le caractère du brigand italien. Il obéit à deux mobiles, deux instincts chez lui : l'amour de la liberté et le désir de paraître un héros, de plaire. A l'époque dont parle Stendhal, le brigandage sévissait sur presque toute la péninsule. C'était une période de transition. On passait rapidement partout d'un état de liberté à un état de tyrannie. Les grandes organisations politiques s'élaboraient; des hommes audacieux et cruels prenaient la place du peuple ; le poison et l'assassinat étaient d'un usage si normal qu'il ne mourait pas un pape, un roi, un prince, un grand seigneur, sans que le bruit se répandît qu'il avait été étranglé ou empoisonné. La criminalité planait sur toutes les sphères de la société, les grands donnant l'exemple aux petits, les petits trouvant leur excuse dans la conduite des grands. L'Italie, surtout le Midi de l'Italie, regorgeait de détrousseurs de grands chemins et de seigneurs féodaux brigands. L'agriculture, le commerce en souffraient sensiblement, car les soldats et les gendarmes, loin de constituer pour eux une sauvegarde utile, aggravaient le mal au lieu de le diminuer. Quand le grand-duc de Toscane, le pape ou le roi de Naples envoyaient des troupes contre les brigands, les pillages redoublaient, car les soldats y ajoutaient les leurs propres. Aussi les populations tremblaient-elles plus lorsqu'on leur annonçait la venue de la force armée que lorsqu'elles voyaient apparaître les bandits.

Les chefs de bande du xvie siècle personnifient déjà les tendances morales du brigand italien. Dans les Calabres un certain Marcone avait attiré sous son étendard 2 ou 3 milliers de routiers, de déserteurs, de voleurs de grand chemin, avec lesquels il avait formé une armée qui l'appelait roi. Dans les Marches, un ancien prêtre nommé Valente lançait des édits et posait

également en souverain. Ce dernier se disait lui-
même : « Jean Valente, prêtre d'Ardée, très grand
maître et très puissant prince de toute la plage
maritime et de toute la région montagneuse des
Marches. » Il battait même monnaie à sa
propre effigie.

Jusqu'à la formation de l'unité italienne,
les bandits ont toujours constitué, dans les
Pouilles, dans la Basilicate et dans la Calabre,
une véritable puissance et possédaient un gouvernement à eux, des lois et des chefs auxquels
ils étaient aveuglément soumis. Pierre de
Calabre, un moderne successeur de Marcone,
s'intitulait pompeusement : empereur des montagnes, roi des forêts et médiateur des routes
de Naples à Florence. Les voyageurs qui vou-
laient traverser sans inquiétude les domaines
de l'empereur Pierre, obtenaient facilement de
lui, moyennant une somme convenue et payée
à l'avance, un sauf-conduit avec lequel ils
étaient sûrs d'arriver sains et saufs et même
d'être ostensiblement protégés par les gracieux
sujets de ce puissant monarque.

Tout cela prouve, à mon avis, qu'il n'y a

rien de commun entre un criminel vulgaire et un brigand italien. Auprès des figures patibulaires, respirant l'hébétement ou les appétits grossiers des galériens, les têtes énergiques, passionnées, des bandits italiens semblent appartenir à des héros. Au xvi° siècle, comme au commencement du xix°, les Italiens ne se faisaient bandits, ne prenaient la montagne que pour se soustraire, soit à un régime politique qui était en contradiction avec leurs aspirations personnelles, soit aux rigueurs d'une loi qu'ils jugeaient dans leur esprit injuste : lorsqu'ils avaient voulu répondre, par exemple, à une injure, ou se venger d'une injustice par un coup d'espingole ou de stylet. Car l'Italien du Midi, il faut s'en souvenir, ne saurait jamais se contenter de la répression légale des offenses qu'on lui a faites; il entend surtout se faire justice de lui-même. Et une fois dans la montagne, comme le dit si bien Stendhal, ce n'était certainement pas au travail que le révolté pouvait demander de quoi vivre.

Le brigandage a eu un terrain à lui en Italie, dont il a rarement franchi les limites. Ce terrain s'étend : à l'est, de Bologne à l'extrémité de la péninsule ; à l'ouest, de Civitavecchia à l'extrémité de la Calabre ; en Sicile et en Sardaigne. Il y a eu aussi des brigands en Toscane, dans la Ligurie, dans le Parmesan, en Piémont, en Lombardie, dans la Vénétie, mais ils ressemblent à des criminels vulgaires plutôt qu'à de véritables brigands dans l'acception classique du mot. Les brigands proprement dits n'ont jamais pu vivre au nord des frontières du patrimoine de Saint-Pierre : ils se sont toujours arrêtés au milieu de la chaîne des Apennins. Par contre, de Velletri au phare de Messine et dans toute la Sicile, ils peuvent être classés parmi les produits du sol, qui, par parenthèse, est presque partout volcanique.

Tandis que l'état avancé de l'agriculture dans le Nord de l'Italie et dans la Toscane et les régimes de liberté relative qui s'y sont établis, même dans le passé, ont favorisé le développement d'une population laborieuse et ordonnée, dans le Midi, le sol accidenté, les forêts épaisses, les champs interminables et incultes, joints à la chaleur du climat, ont déterminé la

formation d'un élément sauvage et rebelle. Con-
damnée à un esclavage perpétuel, l'Italie méridionale est restée, pendant longtemps, au dernier rang, parmi les régions de l'Europe occidentale. Ce qui ne l'a pas empêchée, cependant,
malgré l'immense poids d'ignorance qui pesait
sur elle, de compter parmi ses enfants des
foules de grands hommes. Ses philosophes, ses
historiens, ses légistes ont exercé une action
puissante dans le mouvement de la pensée
humaine : ils montrent, par leur nombre et
leur haute valeur, ce que peut devenir ce pays
lorsqu'il aura vécu quelque temps encore sous
une loi de progrès, de moralité, de justice.
C'est déjà Naples qui fournit à l'Italie les
hommes les plus hardis de la révolution : et si,
après la révolution, quelques incorruptibles
réputations sont tombées et des puritains sont
devenus ce qu'on devient presque fatalement,
hélas! dans la politique, il ne faut pas oublier
que, pendant de longues années, sur la terre
d'exil, dans les bagnes, partout où la lutte les
amenait, les hommes du Midi ont donné toujours
l'exemple de la dignité, de la persistance dans

le sacrifice. Avec de mauvais rois, sans écoles, sans argent, ils se sont formés seuls ; quoique séparés du reste de l'Europe, ils ont pu offrir à la civilisation leur tribut d'œuvres intellectuelles et leur contingent de soldats, de capitaines : héros quelques-uns, martyrs presque tous. Souvenons-nous que le régime politique sous lequel le Midi de l'Italie vivait encore récemment était des plus humiliants. Gladstone l'avait appelé la négation de Dieu. *Mon peuple n'a pas besoin de penser*, écrivait le roi de Naples Ferdinand II. Une idée, une parole que la censure avait interdites, par peur ou par ignorance, étaient considérées comme des crimes et punies avec la plus grande sévérité. Nul autre droit que celui de la mendicité et de la dépravation morale. La science était obligée de se faire toute petite ; l'histoire devait se réfugier dans les catacombes de l'archéologie. Hors des grandes villes, les écoles étaient des établissements presque inconnus et partout surveillés par une police soupçonneuse. Dans ce pays, donc, où diminuait la superstition, où la féodalité, abolie de droit, n'en existe pas moins, de fait; où la disette se fait sentir souvent et le paysan est réduit à un travail accablant et mal rémunéré, les brigands assumèrent quelquefois la physionomie de justiciers, de personnages investis d'une mission divine, la mission de *redresser les torts*. C'est ainsi que tous les pauvres étaient ligués en leur faveur, que les pâtres des montagnes leur apportaient du lait, des vivres, les avertissaient du danger, donnaient le change aux carabiniers qui les poursuivaient, se refusaient à les dénoncer ou à témoigner contre eux. Tous les pauvres, les malheureux se trouvaient spontanément associés dans un but commun de défense.

La nécessité d'éviter les persécutions de la police les obligeait à user d'un langage conventionnel, à conclure des pactes, à s'engager mutuellement jusqu'à la mort. Les sectes, les œuvres ténébreuses aiment les pays ensoleillés; il y a de ces contradictions dans la nature. L'Asie, l'Égypte les ont bercées, l'Italie les a acclimatées.

Le général Richard Church, qui commandait l'armée napolitaine après la restauration des

Bourbons, a laissé dans ses mémoires un aperçu intéressant du brigandage dans les Pouilles. L'association secrète des *decisi* — les décidés — était très puissante à cette époque, dans cette région. Elle avait été fondée par un chef de bande, nommé Cirro Annichiarico, et était organisée comme une véritable maçonnerie, avec ses cachets, ses insignes, ses serments, son langage. Le symbole de la corporation était un trophée d'ossements humains réliés par un ruban rouge sur lequel était écrite la devise suivante :

TRISTESSE, MORT, TERREUR, DEUIL.

Chaque affilié possédait un brevet personnel dont l'en-tête était formé par les lettres : L D D T G I A F G C I T D U G T E D, qui signifiaient : « La decisione del tonante Giove inspira a fare guerra contro i tiranni dell' umano genere. Terrore e decisione. — La décision de Jupiter tonnant convie à faire la guerre contre les tyrans du genre humain. Terreur et décision. » Cirro Annichiarico avait formé le projet d'unir en un seul faisceau toutes les associations secrètes des Pouilles, mais il se heurta à l'ambition effrénée d'un autre chef de bande, Don Gaetano Varadelli, qui n'a pas voulu renoncer à son autonomie.

II

Le brigandage d'aujourd'hui.

Mais si, à la campagne, le peuple s'unissait sous la direction d'hommes hardis pour se défendre des empiétements du pouvoir et des riches, dans les villes les notables organisaient, à leur tour, des associations secrètes ayant en vue la conservation de leurs privilèges. Ces dernières associations sont les seules qui aient résisté au souffle de la révolution, et elles prospèrent encore dans l'Italie méridionale, où l'intrigue politique est coutumière. Autrefois, c'était le peuple qui complotait dans les ténèbres ; aujourd'hui, le soleil de la liberté paraissant éclairer le visage des travailleurs, ce sont les anciens persécuteurs ou leurs légitimes successeurs qui se liguent contre le peuple pour le ramener au servage. Voilà pourquoi on a pu dire que le brigandage, dans l'Italie méridionale, s'est borné à changer de milieu et de procédés. Autrefois, le brigandage était exercé à la campagne, sur les montagnes, par des hommes épris de liberté; aujourd'hui, on pratique le brigandage dans les communes, par les extorsions fiscales, par la sujétion politique. La *Mafia* sicilienne et la *Camorra* de Naples sont les spécimens classiques de cette nouvelle organisation du brigandage. La *Mafia* est une association de personnes appartenant à la classe moyenne sicilienne, ayant pour but d'exploiter, par tous les moyens licites et illicites, les conditions sociales et politiques actuelles de la Sicile. Les travailleurs véritables n'y entrent pas; au contraire, ils en sont les victimes. Fille naturelle des anciens régimes, elle n'a jamais été qu'une association de parasites que le régime actuel de liberté a soudainement changés en politiciens intrigants et rapaces. La *Mafia* ne pouvait pas, du reste, envisager avec sympathie la formation de l'unité italienne qu'elle croyait destinée à lui arracher une portion considérable de son influence locale, en Sicile. C'est la *Mafia* qui a fait échouer, en Sicile, le mouvement libéral de 1849, et a redonné l'île au despotisme féroce des Bourbons. C'est encore la *Mafia* qui terrorisait les paysans siciliens, lors de l'expédition des Mille en 1860. C'est toujours la *Mafia* qui, par ses *supercheries* dans les municipalités, a provoqué les émeutes de 1894; qui a empêché d'aboutir le projet que M. Crispi avait présenté en 1894 sur l'expropriation des grandes propriétés; qui, de nos jours, parsème d'embûches le chemin des ministres et des fonctionnaires de bonne volonté. Les *Mafiosi* visent notamment à occuper les conseils municipaux et à établir dans les villes du centre de la Sicile un gouvernement local et despotique. Ce gouvernement local n'aidera jamais le gouvernement central, car il en est l'ennemi déclaré et fatal. La commune sicilienne veut gouverner et gouverne effectivement en maîtresse chez elle. De là, une quantité d'abus extrêmement difficiles à déraciner à cause de la presque impossibilité où le gouvernement central se trouve d'avoir des renseignements sérieux.

Rome envoie des fonctionnaires, des préfets, des sous-préfets, des commissaires de police. Si ces fonctionnaires sont du pays, ils seront vite entraînés dans l'organisation *mafiosa*; s'ils sont au contraire des continentaux, comme on appelle, en Sicile, les Italiens de la péninsule, ils seront à dessein tenus à l'écart, et n'auront qu'à se renfermer dans l'accomplissement de leurs fonctions bureaucratiques les plus étroites.

L'organisation de ces administrations municipales, œuvre capitale de la *Mafia*, est le résultat direct du régime bourbonien, qui avait pour principe de se désintéresser des affaires locales et de les abandonner aux mains des *cappeddi*, des « chapeaux », c'est-à-dire des classes moyennes. Les municipalités, ainsi constituées, sont par conséquent amenées à frapper d'impôts le peuple dont la misère est le soutien le plus solide de leur puissance. Elles puisent leurs principales ressources dans l'octroi et en confient la perception à des spéculateurs inhumains, qui, tout en comblant de faveurs les contribuables riches et influents, grèvent autant qu'ils peuvent les pauvres. M. Villari raconte le fait d'une ville où les conseillers municipaux ne payaient pas d'octroi. Quand quelqu'un de ces privilégiés se présentait aux portes de la ville, les gardes se découvraient respectueusement et le laissaient librement passer avec les objets qu'il portait. La farine, le pain, les légumes, c'est-à-dire la nourriture du peuple, sont exclusivement visés par l'octroi. Et l'octroi grève d'autant plus le peuple que la dépense occasionnée par la nourriture chez les paysans de l'Italie méridionale, et de la Sicile en particulier, s'élève à environ 85 p. 100 de la dépense totale de la famille des travailleurs. En France, cette proportion est de 52,4 p. 100, en Angleterre de 51,3 p. 100, en Belgique de 49,9 p. 100, en Allemagne de 47,6 p. 100 aux États-Unis de 42,2 p. 100 ; d'autre part, on sait que les frais de nourriture chez les familles riches atteignent à peine 20 p. 100 de la dépense totale. L'impôt sur les consommations populaires représente donc, dans ces conditions, un véritable impôt progressif à rebours puisqu'il retombe exclusivement sur les classes pauvres. Les dégrèvements votés dernièrement par le

Parlement italien soulageront un peu les paysans du Midi de l'Italie ; mais si le gouvernement entend véritablement que le peuple en bénéficie, il devra avant tout veiller à leur rigoureuse application et éventer les agissements contraires des *Mafiosi* et des *Camorriti*.

Dans la partié occidentale de la Sicile, là où domine la grande propriété foncière, la population se partage en trois classes : la classe des *latifundistes*, la classe des paysans et celle, enfin, des intermédiaires entre les paysans et les propriétaires. Cette dernière forme l'état-major de la *Mafia*. Constituée par des *gabelloti* ou fermiers, elle représente en quelque sorte un mur mitoyen entre les deux autres et s'impose à elles. Les *mafiosi* accaparent les denrées, écorchent les paysans et leur imposent des contrats agraires iniques, organisent, en somme, cette misère qui leur sert si bien. Maîtres des administrations municipales, ils s'efforcent d'éliminer toute intervention du gouvernement dans les affaires des communes ; ils frustrent la loi, ils reculent, autant qu'ils peuvent, l'amélioration morale et intellectuelle du peuple. Le gouvernement italien a eu le tort d'entretenir pendant trop longtemps des rapports intimes avec ces hommes. Il fut une époque où le parti gouvernemental était composé presque exclusivement d'hommes du Midi. Ce fut l'âge d'or, pour ainsi dire, de la *Mafia* et de la *Camorra*; l'époque où l'argent des contribuables destiné à la construction de routes, à l'assainissement de campagnes, à l'entretien d'écoles, allait par contre remplir les poches avides des entrepreneurs et des accapareurs.

Cette époque heureusement est déjà lointaine; mais qui oserait dire que l'expérience du passé a suffisamment instruit les hommes de bien sur l'utilité de briser courageusement l'outrecuidance des coalitions locales dans le Midi? La main de l'État qui s'appesantit sur les Italiens du Nord ne se fait pas assez sentir dans le Midi. L'Italie devra se résigner, un jour ou l'autre, à accepter comme une nécessité impérieuse la séparation administrative du Nord et du Sud. Sans quoi le peuple du Midi sera forcément amené à voir toujours dans le gouvernement son pire ennemi; car le gouvernement se présente à lui comme l'éternel soutien des intrigants et des exploiteurs. Et les travailleurs redeviendront des brigands, peut-être...

III

Les devoirs du gouvernement.

Certes, s'ils le pouvaient encore, beaucoup de paysans de l'Italie méridionale regagneraient la broussaille : mais aujourd'hui les routes sont mieux gardées et, d'autre part, la confiance dans un avenir meilleur tend peu à peu à remplacer le désespoir dans l'âme du travailleur.

« Maintenant que l'Italie est libre, forte, indépendante, que personne ne l'attaque, elle doit tourner le regard vers les problèmes intérieurs : elle ne pourrait pas s'enfoncer tout entière dans les seules préoccupations de l'équilibre du budget. L'Italie pourrait très bien être aussi libre que possible, avoir des budgets aussi équilibrés qu'elle le désire, mais rester tout de même une nation dépourvue de signification morale. Il lui faut donc un idéal nouveau, et cet idéal ne peut être que la justice sociale, qu'elle doit appliquer avant qu'on la lui demande.

« L'homme qui vit au milieu des esclaves, à côté des humbles et des déshérités, sans réagir contre les causes de cet esclavage et de cette misère, est un homme indigne de sa propre liberté et est fatalement destiné à sombrer moralement.

« Dans ce cas, la *Camorra*, la *Mafia*, le brigandage existeront toujours, sous une forme ou sous une autre, et rongeront la moelle épinière du pays. »

Ainsi écrivait, en 1876, Pasquale Villari, une des intelligences les plus élevées et les plus clairvoyantes de l'Italie contemporaine, dans une de ces célèbres « Lettres méridionales » qui ont remué tant de consciences en Europe.

L'éloquence de ces paroles généreuses, qui sont encore d'une actualité si palpitante, me dispense de tout commentaire. Ce ne serait pas dans le rôle du pays qui a vu naître Dante, Machiavel, Vico, Leopardi, d'oublier ses enfants les plus malheureux. L'Italie doit aujourd'hui, pour être digne de son histoire, donner la main aux plus humbles, leur indiquer la voie à suivre, les soutenir dans la lutte, leur montrer, comme disait le grand Florentin,

> ..... *da qual mano in ver la scala*
> *Si va più corto; e se c'è più d'un varco*
> *Quel ne' nsegnare che men erto, cala.*

TABLE DES MATIÈRES

INTRODUCTION

Caractères généraux de la vie italienne.

I. — Variété de manifestations........................ 1
II. — Complexité de l'âme italienne................. 6
III. — La littérature italienne........................ 10
IV. — L'unité dans la variété........................ 13
V. — L'Italie contemporaine........................ 16
VI. — La question du Midi........................ 18

CHAPITRE I

L'essor économique.

I. — Accroissement de la richesse de l'Italie : industrie, commerce, finances........................ 26
II. — Accroissement de la population : l'émigration.. 35
III. — Les forces hydrauliques........................ 42

CHAPITRE II

L'Italie agricole.

I. — Statistique générale........................ 49
II. — La nourriture des paysans........................ 55
III. — Les exploitations industrielles du Nord........ 59
IV. — La petite propriété........................ 63
V. — La Toscane agricole........................ 66

CHAPITRE III

L'Italie agricole (*suite*).

I. — Les provinces méridionales............................ 76
II. — Les Pouilles 80
III. — La Sicile.. 85
IV. — La Sardaigne....................................... 89
V. — Nécessité d'un crédit agricole..................... 96

CHAPITRE IV

Le mouvement social.

I. — Le mouvement gréviste dans les villes....... 103
II. — L'organisation du prolétariat agricole........ 120

CHAPITRE V

L'évolution politique.

I. — La droite et la gauche...................... 137
II. — Le ministère Zanardelli.................... 146
III. — Le parti socialiste....................... 155
IV. — La question romaine 162
V. — Les affaires balkaniques................... 169
VI. — La triple alliance........................ 175
VII. — L'entente franco-italienne. — Les traités de
      commerce................................... 184
VIII. — L'avenir............................... 190

CHAPITRE VI

Brigands et brigandage en Italie.

I. — Le brigandage dans le passé................ 197
II. — Le brigandage d'aujourd'hui............... 214
III. — Les devoirs du gouvernement.......... 221

Coulommiers. — Imp. P. BRODARD. — 486-1902.

L'Impérialisme allemand, par M. Maurice

Lair. 1 vol. in-18 jésus, broché........... **3 fr. 50**

La politique « mondiale », dont retentissent les journaux
et les tribunes parlementaires, le sentiment « impérialiste »
que l'on se plaît trop volontiers à croire l'apanage du peuple
anglais, c'est peut-être à l'Allemagne que le monde doit de
les avoir vus naître et se développer sous la double forme de
« l'industrialisme » et de la « paix armée ». L'auteur de ce
remarquable ouvrage a su mettre en vive lumière l'évolution
morale qui, depuis 1870, a si profondément modifié le génie
de la nation allemande; il nous montre comment cette nation,
résignée naguère à recevoir l'impulsion du dehors, a puisé
dans ses victoires militaires la confiance en elle-même et
l'orgueil de sa supériorité; comment, au lendemain de ses
triomphes, elle a revendiqué la première place entre les
grandes puissances; quels moyens elle a employés pour l'obtenir
et pour la conserver.

L'Angleterre et l'Impérialisme, par

M. Victor Bérard, 1 vol. in-18 jésus, broché. **4 fr.**

Ouvrage couronné par l'Académie française.

Exposer la genèse et le développement de la théorie et de
la politique impérialistes en Angleterre, montrer comment
l'Angleterre de Gladstone est devenue l'Angleterre de Chamberlain;
comment le libre échange a reculé devant le *Fair
Trade* protectionniste; comment l'évolution pacifique, libérale
et travailleuse de l'utilitarisme britannique fait place à l'expansion
agressive, égoïste et *monopolist* d'une bande de spéculateurs,
tel est l'objet de ce livre remarquable.

M. Bérard nous montre avec une sûre logique comment la
nouvelle politique anglaise est née de la nouvelle situation
économique des grands centres. Ces grands centres du commerce
et de la vie, il nous les met devant les yeux : et en
même temps qu'il expose les théories, il peint, il montre en
action les hommes qui les formulent. C'est de l'histoire véritable,
assise sur des bases solides, et qui fait voir.

N° 422.

Essai d'une Psychologie politique du Peuple anglais, par M. ÉMILE BOUTMY, membre de l'Institut. 1 vol. in-18 jésus, broché. . . . 4 »

M. Boutmy précise d'abord les marques distinctives que la race anglaise doit au milieu physique où elle s'est formée, et il les retrouve dans les manifestations les plus variées du caractère britannique. — Puis, c'est le milieu humain qui exerce son influence par les races venues du dehors, et plus tard, par les phénomènes ethniques se produisant sur le sol lui-même. — Enfin, après avoir successivement considéré l'homme moral et social, l'homme politique et le citoyen, l'homme de parti et l'homme d'État, l'auteur termine par l'étude des rapports qui régissent les deux grands facteurs de la vie politique et sociale en Angleterre : d'un côté l'individu, de l'autre l'État.

Tels sont l'objet et le plan général de ce livre, conçu du point de vue élevé de l'historien et du philosophe.

Éléments d'une Psychologie politique du Peuple américain (*la Nation*, *la Patrie*, *l'État*, *la Religion*), par M. ÉMILE BOUTMY, membre de l'Institut. 1 vol. in-18 jésus, broché. . . . 4 »

Le beau livre de M. Boutmy sera lu avec le plus vif intérêt, au moment où le rôle des États-Unis dans le monde pose à tous les esprits réfléchis un problème nouveau ; on y trouvera, en effet, un ensemble de recherches très étudiées et très précises sur un certain nombre de points les plus capables d'éclairer d'une vive lumière le caractère américain.

L'auteur examine d'abord de quels éléments, par quelles étapes, dans quelles conditions s'est formée la nation américaine. Puis, il étudie l'idée de patrie telle qu'elle se présente chez le peuple américain. Enfin, la notion concrète de la patrie se résolvant dans la notion abstraite de l'État, M. Boutmy nous donne une analyse très serrée du système constitutionnel, politique, administratif et financier des États-Unis.

HISTOIRE POLITIQUE

DE

L'EUROPE CONTEMPORAINE

Évolution des partis et des formes politiques
(1814-1896)

PAR

CH. SEIGNOBOS
Maître de Conférences à l'Université de Paris.

DEUXIÈME ÉDITION

Un volume in-8 carré de 800 pages, broché . . . . . . 12 fr.
Avec demi-reliure, tête dorée. 16 fr.

EXTRAITS DE LA PRESSE

« On sera surpris qu'un homme ait eu le courage de resserrer en un volume le récit de l'époque la plus agitée, la plus complexe qui soit : on sera émerveillé que cet homme ait su choisir tout ce qui est essentiel; et on admirera que de cette quantité énorme de faits choisis, pressés, se dégage une impression une et limpide, une intelligence juste et complète de notre siècle. C'est l'histoire vraie, l'histoire explicative, celle qui permet de comprendre et de juger. » *(Revue de Paris.)*

« Rassemblant selon une méthode rigoureuse et présentant en pleine lumière tout ce qui est nécessaire pour comprendre l'évolution de la vie politique européenne depuis un siècle, soucieux avant tout d'être précis et clair et de se maintenir au point de vue purement objectif, M. Seignobos a réalisé une œuvre indispensable à quiconque veut se tenir au courant du mouvement politique contemporain. »
(Journal des Débats.)

N° 373bis.

Librairie Armand Colin, 5, rue de Mézières, Paris.

La Prévoyance sociale en Italie,

par MM. L. MABILLEAU, corresp. de l'Institut, direct. du Musée social, CH. RAYNERI et Cte DE ROCQUIGNY. 1 vol. in-18 jésus (*Bibliothèque du Musée social*), br. 4 »

Ce volume est le résultat d'une enquête envoyée par le Musée social en Italie pour y étudier les œuvres de prévoyance sociale.

Les trois missionnaires se sont réparti la tâche. M. Rayneri, qui a déjà tant fait en France pour la propagation des banques populaires, a écrit le livre sur « la coopération, dans l'épargne et le crédit », à l'étude de laquelle il était admirablement préparé. A M. de Rocquigny, bien connu par ses travaux sur les syndicats agricoles, devait échoir naturellement l'étude de la « coopération dans l'agriculture italienne ». M. Mabilleau, le nouveau directeur du Musée social, a pris pour sujet « la coopération ouvrière », et a en outre écrit pour l'ouvrage une introduction et une conclusion de portée générale.

(*Annales des Sciences politiques.*)

Études italiennes, par AUGUSTE GEFFROY,

avec une notice biographique par M. GEORGES GOYAU. 1 vol. in-18 jésus, broché. . . . . 4 »

« Ce n'est pas l'homme de science qu'était M. Geffroy qui nous apparaît dans les *Études italiennes*, ou plutôt c'est un homme de science alerte et sagace qui passe au crible tous les matériaux qui se pressent devant lui, extrait de tout cela le suc de la vérité et compose lui-même un ouvrage nouveau. Comme il est bon à lire, comme il rafraîchit la pensée et nous isole dans le monde de l'idéal ! Nous avons besoin de temps en temps d'un livre comme celui-là. Il vous réconforte et vous console. » (*Revue populaire des Beaux-Arts.*)

Il y a dans ce volume des études sur Savonarole, sur Guichardin, sur Beatrix Cenci et sur Piranèse que tout le monde lira avec plaisir et profit, sans compter une belle et éloquente lamentation sur l'odieux enlaidissement de Rome depuis vingt ans sous l'empire du vandalisme moderne. » (*L'Illustration.*)

Librairie Armand Colin, 5, rue de Mézières, Paris.

Chine ancienne et moderne. *Impressions et réflexions*, par M. G. WEULERSSE. 1 volume in-18 jésus, broché. . . . . 4 »

« Le remarquable volume de M. Weulersse n'est ni une œuvre d'érudition livresque, ni le simple recueil des impressions d'un touriste; on y trouvera une étude à la fois approfondie et vivante du contraste, de la lutte des deux Chines, *ancienne et nouvelle*, dans lesquels l'auteur cherche l'explication du spectacle si curieux et si digne d'attention que nous présente l'Empire chinois à l'aube du xx° siècle. » (*Journal des Débats.*)

« Erudit et vécu, savant et descriptif, amusant et documenté, ce livre sur la Chine est le dernier rapport d'un témoin impartial avant la grande crise chinoise de 1901. Il nous expose l'état réel et nous fait entrevoir le développement futur de cet Empire qui, désormais, entre de force dans le concert européen, jusqu'au moment où peut-être il tombera sous la loi européenne. » (*Revue de Paris.*)

Les Chinois chez eux, par M. E. BARD. 1 volume in-18 jésus, avec *12 planches hors texte*, broché. . . . . 4 »

« Les mœurs et le caractère des Chinois sont fort peu connus en Europe sous leur véritable jour. Trop de gens rapportent un livre d'un voyage rapide et ne nous font part que d'impressions. L'auteur de cette étude, chef d'une importante maison de commerce en Chine, a vécu là-bas pendant cinq années. Ses relations journalières et intimes avec les commerçants indigènes l'ont mis à même de recueillir un grand nombre de renseignements authentiques. On trouvera dans son livre une abondante contribution de documents. » (*Revue de Paris.*)

« Le curieux ouvrage de M. Bard est essentiellement un livre de bonne foi. C'est une œuvre de vulgarisation consciencieuse et sincère, conçue sans optimisme exagéré comme sans parti de dénigrement, qui mérite tout particulièrement d'éveiller de retenir l'intérêt des lecteurs de tout ordre. »
(*Journal des Débats.*)

www.ingramcontent.com/pod-product-compliance
Ingram Content Group UK Ltd.
Pitfield, Milton Keynes, MK11 3LW, UK
UKHW022012170726
13837UKWH00001B/140